表現力のレッスン

鴻上尚史

講談社

はじめに

この本は、あなたの「表現力」を磨《みが》き、向上させることを目的とした本です。

「表現力」とはなんでしょう？

普通は、「文章の表現力」とか「絵の表現力」「楽器の表現力」なんて言い方をされます。

文章がうまいとか、絵がうまい、楽器ができる、そんなことと表現力が結びついているのです。

けれど、一番、基本的なことが忘れられています。

それは、文章でも絵筆でも楽器でもなく、あなたの「声」と「体」を使った表現力のことです。

私たちは、例えば人前でスピーチする時、「内容」は考えますが、「方法」はあまり考えません。

「どんなことを話すか？」には時間を割《さ》きますが、「どんな風《ふう》に話すか？」には、あまり注意を向けません。

その結果がどうなるか、私たちみんなが知っています。

卒業式や入学式で、教育委員会とかの偉い人が、「中国の諺《ことわざ》を引用した人生の話」なんかをします。下を向いて、前日、さんざん書き直したであろう原稿を、ぶつぶつと読みます。

その「内容」はきっと有意義なのでしょう。けれど、伝わりません。いくら立派な「内容」でも、貧しい「方法」では、つまり貧弱な表現力では、誰にも伝わらないのです。

結婚式のスピーチで、「たぶん、いい話なんだろうなあ。惜しいなあ」なんて思うことはないですか。話している人は、ひょっとすると、『感動するスピーチ集』なんて本を本屋さんで見つけたのかもしれません（実際、そういう本はたくさんあります）。

本人はこれで安心と、「内容」だけを丸暗記して、貧しい「方法」で、つまり、貧弱な表現力で語るのです。そして、その感動的な内容は、伝わらないのです。

〝貧弱な表現力〟とは、抑揚《よくよう》のない単調な声、平板《へいばん》な感情、変わらないスピード、聞き手を見ることなく下を向いてひとりごとのように文字を読み続ける態度、丸暗記した言葉をただ繰り返す実感のなさ、などなどです。

残念なことに、偉い人の話や結婚式のスピーチだけではなく、会議の報告や学校の発表会や地域の話し合いの場でも、普通に私たちは「素敵な『内容』」・「貧しい『方法』」という風景にぶつかります。

ひょっとすると、私たち日本人は、まだ、「心から思っていればきっと伝わる」とか「以心伝心《いしんでんしん》」とかを信じているのかもしれません。

もちろん、思っているだけで伝わるのなら、こんな素敵なことはありません。心の中の溢《あふ》れる気持ちが、とても下手《へた》くそな言い方で伝わるのなら、それは幸福なことです。けれど、そんな奇跡はめったに起こらないだろうと思います。

どんな立派な「内容」でも、言い方が下手だと伝わらないし、内面がどんなに素敵な人でも、ちゃんと表現しないと、その魅力は伝わりません。

素敵な「内容」には、素敵な「方法」が必要なのです。

そして、素敵な「方法」とは素敵な「表現力」のことで、それは、あなたの「声」と「体」をどう使うかということなのです。

この一番基本的なことが忘れられがちです。

ただし、それも無理のないことかもしれません。「文章の表現力」を磨くという本はたくさん出版されていますが、「あなた自身の表現力」を磨くという本はほとんどありません。『感動するスピーチ集』という本は多いですが、『感動的なスピーチを感動的に表現する方法集』という本は、本当に少ないのです。

それは、ダンスのレッスン本でもアナウンサーになるための本でもありません。あなたが、あなたの「声」と「体」を自覚し、発見し、楽しむための本なのです。

僕は『あなたの魅力を演出するちょっとしたヒント』（講談社文庫）という本を、以前、出しました。

「メイク」や「髪形」「ファッション」に気を使う人達も、自分の「声」や「体」「感情」「言葉」には、ほとんど気を使っていない、けれど、魅力的になるために、髪形に気を使うのと同じぐらい、自分の「声」や「体」に気を使いましょう、というメッセージの本でした。

この本で、僕は、〝教養《きょうよう》〟という言葉を使いました。

知性だけではなく、じつは、「声」や「体」「感情」「言葉」にも教養があるのです。

あなたの周りには、いませんか？　話す内容ではなく、「声」がとても魅力的な人が。

ダンサーではないのに、日常の動きがとても魅力的で、素敵な「体」だなあと感じる人は？　それは、「声」や「体」に教養がある人です。

幸いなことに、『あなたの魅力を演出するちょっとしたヒント』は多くの読者に好意的に受け入れられました。そして、「声」や「体」「感情」「言葉」の教養を高めるための、つまりもっと魅力的になるための、より具体的な方法が知りたい、という声をたくさんいただきました。

つまりは、あなたの「表現力」を磨き、向上させる方法です。

僕は早稲田大学の客員教授として、一般の学生たちに「表現力」を磨《みが》く方法を具体的にレッスンしてきました。

それがまさに、「表現力」のためのレッスンでした。

一年間の授業を六年間続けました。今回、その方法をすべて公開することにしました。

授業のサブ・テキストとしては、『あなたの魅力を演出するちょっとしたヒント』と『発声と身体のレッスン』(白水社)を使いましたから、一部、この二冊に書いたことの繰り返しの部分があります。体の基本、声の基本の所は、どうしても書かないと進めないからです。ですから、この二冊を買っていただいている読者は、確認のつもりでその部分を読むか、飛ばして次のレッスンに進んで下さい。

授業のように、順番にやっていただくのが理想ですが、気に入ったものから始めても、もちろんかまいません。

難しいことではありません。あなたが、あなた自身の「声」や「体」「感情」「言葉」に対して自覚的になり、これらの要素を遊んでしまおうと思えば、「表現力」は必ず上達していくものです。

では、のんきに楽しくレッスンを始めましょう。

目次

表現力のレッスン

装画・挿画——牧野伊三夫

レッスン1　体の緊張を自覚する

【倒れかけレッスン1】

では、まずいきなり、体を動かしてみましょう。

これは二人でするレッスンです。

Aが足を肩幅に開いて、楽に立ちます。Bが、Aの後ろに立ちます。

Aがそのまま、後ろに倒れます。Bは、Aの後ろで優しく受け止めます。

絵1

これだけのレッスンです。（絵1）

Aの後ろで支えるBは、足を前後にして立ち、手だけではなく、自分の胸でもAを受け止めるようにします。つまり、両腕を伸ばして手だけで相手を受け止めるのではなく、肘《ひじ》を軽く曲げ、両手と胸で相手の背中を受け止める感覚です（これは、安全のためです。しっかりとAを受け止めるためには、こうやることが望まし

絵 2

いのです）。（絵2）

Aは、力まないで倒れて下さい。といって、力を抜きすぎないように。

もっと詳しい注意点を書く前に、このレッスンについて説明しておきます。演劇界では、「信頼のエチュード」と呼ばれたりするレッスンです（エチュードとは、練習という意味のフランス語です）。

後ろを見ないまま倒れるので、後ろで受け止めてくれるBを信頼しないと始まらないレッスンだからです。

通常は、相手を信頼する〝気持ち〟のレッスンに使われます。

が、僕はこれを別の目的、自分の体の緊張する場所の発見と自覚に使います。

やってみると分かりますが、後ろを見ないまま倒れるのは、とても怖《こわ》いことです。

怖いことをするので、あなたはストレスを感じて、体のどこかが緊張します。

それは、肩かもしれません。腰やアゴかもしれません。指先や首、背中かもしれません。全身ではなく、体の一部分のはずです。

そこが、あなたが、日常でストレスを感じた時に、無意識に緊張する場所なのです。

緊張とリラックス

ここで、まず、「緊張」と「リラックス」の話をします(『あなたの魅力を演出するちょっとしたヒント』に書いたことと重なりますから、もう充分分かっているという人は飛ばしていただいて結構です)。

あなたは日常でストレスを感じると、体に力が入ります。それは、決して悪いことではありません。

例えば、道を歩いていて、突然、横道から車が飛び出してきた瞬間を想像して下さい。その時、あなたは、首をすくめ、肩を上げ、全身の筋肉を緊張させているはずです。それは、筋肉を緊張させ、鎧《よろい》として、内臓《ないぞう》を守ろう、ダメージを最小にしようという体の知恵です。頭で、「あっ、車だ。筋肉を緊張させて内臓を守ろう」と判断する前に、無意識に、筋肉が緊張するのです。

それは、とても優れた人間の体のメカニズムです。

そして、精神的な危険、例えば、苦手な人に会うとか嫌な仕事をするという場合も体は無意識に緊張します。いつ怒られるか分からないと、あなたが怯《おび》えている人の前では、あなたの体は、無意識に力が入るのです。

電車で、若いOLさんが座っていて、右隣に同僚のOL、左隣に上司の男性がいる場合に、真ん中のＯＬさんは、上司のいる側の左半身だけが緊張している、なんて風景を見ることがあります。

人間の体は正直なので、苦手な相手、課長とか部長が座っている側の体は緊張してしまうのです。左隣の上司が、ねちっこい性格で、突然、この前の失敗を車内で責めるかもしれないと怯えているＯＬさんは、上司に対して身構え、緊張するのです。

繰り返しますが、それは、人間としてはごく自然な反応です。

では何が問題なのでしょう？

ふだんから、激しいストレスに苦しんでいる人ならすぐに分かるかもしれません。

それは、危険が去っても、上司が電車を降りても、「体に無意識に緊張が残ってしまう」ことなのです。

あなたは、苦しい仕事をしたり、嫌な相手と会った後、何時間も体が強張《こわば》ってなかなか楽になれなかった経験はありませんか？

それが毎日になると、体にずっと緊張が残ることになります。筋肉に余計な力が入って緊張しているわけですから、血行が悪くなり、結果、肩がいつも緊張する人は激しい肩こりに、腰が緊張する人は腰痛に苦しめられることになります。

リラックスした体ってどんな体?

では、「リラックスした体」とは何かを考えてみましょう。

「リラックスした体」とは、サウナに入った後、ビールを飲んでグダ〜とした体ではありません。夏の夕方、スイカを食べてそのままグデーと寝っころがった体でもありません。

それらは、「リラックスした体」ではなく、「力を抜きすぎた体」です。

それは、ストレス発散になっても、日常生活には向かない体です。

一時期、癒《いや》しのブームが続きましたが、癒しが目的としたのは、まさにこの「力を抜きすぎた体」です。お香《こう》を焚《た》いて、オイルマッサージを受けて、てろ〜と寝ている、なんてのは、なんともうらやましい時間ですが、この体は、日常を生活する体ではありません。

どんなにリラックスしたと思っていても、この体は、仕事の大変な電話ひとつで、正反対の緊張しすぎた体になってしまうのです(僕は、このてろ〜とした体を否定しているのではありません。てろ〜となることは気持ちいいことです。ただ、息抜きのための体であって、生活するための体ではないと言っているだけです)。

では、「リラックスした体」とは、どんな体でしょう?

僕はよく、サッカーのゴールキーパーの例を出します。

下手なゴールキーパーは、ボールがまだ敵陣の奥深く、かなり遠くにあるのに、もう全身を緊張させています。

平均的なゴールキーパーは、センターラインを越えてボールが近づいてくると、全身を緊張させ始めます。

そして、プロのゴールキーパーは、相手がボールを蹴《け》る瞬間まで、緊張しません。楽な体のまま、どこにも緊張がなく、相手の動きに合わせて瞬間的に動ける体の状態なのです。

これが、「リラックスした体」です。

つまり、「どこにも余計な緊張がなく、けれど、自らを支えるに充分なだけの緊張があって、すぐに動ける体」のことなのです。

サウナでグダ〜という体は、ゴールキーパーの例で言うと、ボールが来ているのに、ゴール前でドテーと寝っころがっている体のことです。

つまり、「どこにも余計な緊張はないけれど、自らを支えるのに充分な緊張もない体」です。この体では、ゴールキーパーを務めることは不可能です。

日常生活で言えば、こんな体のまま、人に会うことはできません。これが、生活に向かない体だという意味です。この体のまま会議には出席できないのです。

逆に、大切な面接の時、待合室で緊張に震《ふる》えている体は、下手なゴールキーパーが、ボールがまだまだ遠くにあるのに、失敗を恐れて過剰に緊張している体と同じです。

ずっと緊張していることで、体は疲れ切り、いざという時、迅速《じんそく》な動きはできなくなってしまいます。

面接で言えば、待ち疲れて、おもわずアクビが出る体です。ガチガチに力んでいるので、腰や肩が痛くなっているかもしれません。

ただし、スポーツには、日常生活と違う利点がひとつあります。それは、終わりがはっきりしていることです。

どんなにガチガチに緊張しているゴールキーパーも、試合終了のホイッスルを聞いた時点で、緊張を解きます。緊張していた分だけ、ヘロヘロになるかもしれません。

けれど、日常生活には、試合終了の合図はありません。

会社から出ても、仕事のことを考えてしまえば、試合は続いていることになります。忘れよう、気分転換をしようと思いながら、ずっとひとつの悩みごとに苦しむなんてことは、普通にあります。

その間、緊張はずっと続きます。

目指すべきは、「リラックスした体」、つまり「どこにも余計な緊張がなく、けれど、自らを支えるに充分なだけの緊張があって、すぐに動ける体」です。

そのためには、どうしたらいいのでしょう?

スポーツなら練習を続ける、日常生活なら慣れるとか、落ち着くとかの方法があるでしょう。

面接をたくさん受けるうちに、緊張が減ってきて、力みが少なくなる、なんていう場合です。

けれど、緊張そのものを見つめるという方法もあるのです。

それが、この「倒れかけレッスン」です。

このレッスンは、まずストレスを感じた時、自分の体のどこが緊張するか発見・自覚しようというものです。

本当にストレスを感じている時は、自分の体のどこに緊張があるか、なんてことを確認している時間も余裕もありません。ですから、レッスンによって一時的にストレスを作り出すのです。

ストレスを感じたら、自分の体のどこが緊張しているかを自覚して、その部分の緊張をほぐそうとイメージします。

これが、次のステップです。

人間の体はよくできたもので、緊張しがちな場所を自覚して、そこがふわっと広がるような、楽になるようなイメージを持つだけで、実際に、緊張はほぐれるのです。

少しでも、緊張を感じたら、ほぐれるイメージを持ちます。実際に力が入っているはずですから、力を抜きます。

この繰り返しが、「リラックスした体」に近づく道なのです（この方法は、じつはスポーツにも有効です。下手なゴールキーパーが、ガチガチに緊張した時、「落ち着こう」と思ったり、「もっと練習しとけばよかった」と後悔するより、自分の緊張している場所を発見・自覚して、そこがほぐれるイメージを持ち、力を抜くことで、体はずいぶん楽になり、迅速《じんそく》に動けるようになるのです）。

レッスンの注意点

では、レッスンの具体的注意点を。

Ａが最初に倒れる距離は、うんと短くてかまいません。怖い人はまったく倒れることができませんから、Ｂは、Ａが数センチほど後ろに倒れただけで、受け止めてあげて下さい。

勇気をためす修行《しゅぎょう》ではないので、無理に距離をあけないこと。

Ａが怖がらずにできる範囲でかまいません。慣れてきて、Ａが大丈夫と感じたら、少し離れて受け止めて下さい。

Aは、怖いからといって、絶対に、途中で片足を後ろにずらして支えようとしないこと。かえって危険です。後ろに倒れながら、焦《あせ》って、腰を折り、海老《えび》のようになって、一歩、あとずさる人が必ずいます。とても危険です。

Aは力まないこと。といって、ダラーと力を抜きすぎないこと。首がダラーと落ちて、頭がガクンガクンしながら後ろに倒れていく人がいます。「力を抜きすぎた体」です。手に無意識に力が入って、腕だけがぴょんと伸びている人もいます。余計な緊張は抜いて下さい。といって、ダラーと手の力を抜きすぎないように。

Aは倒れながら、自分のどこが緊張するかなんとなく感じてみて下さい。神経質になることはありません。

Bは、受け止めながら、相手のどこに緊張があるか、なんとなく感じてみて下さい。

何回かやることで、だんだんと分かってくるはずです。

【倒れかけレッスン2・三人前後パターン】

可能なら、次に三人でこのレッスンをします。

真ん中の人Bは、まず、後ろに倒れ、それを後ろの人Cは優しく受け止めて、そのまま、前に押します。そして、前の人Aは、倒れてくるBの胸と肩との中間辺《あた》りを優しく受

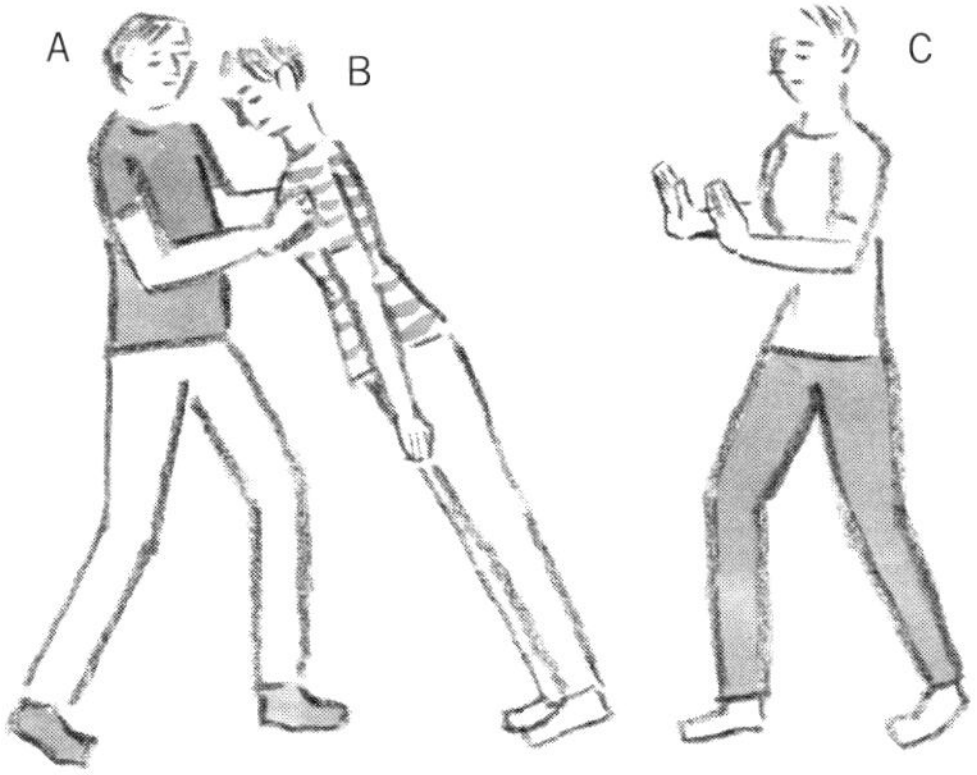

絵3

け止めて、また、Cの方へ返します。

真ん中の人Bは、両足を楽に揃《そろ》えて、ただ、前後に倒れるに任せます。

倒れかけレッスンの二人バージョンより、怖さは増します。

自分の体のどこが緊張するか、感じてみて下さい。

しばらく目を開けてやったら、今度は目を閉じてやってみて下さい。（絵3）

【倒れかけレッスン3・三人横パターン】

今度は、横を向いてやってみます。

Bはただ倒れ、Cは肩を優しく押して下さい。Aもまた、押し返します。

前後との違いを楽しんで下さい。（絵4）

人によって、前後と横のどちらかがより苦手で、

絵4

どちらかがよりストレスを感じるでしょう。

緊張する場所を感じて下さい。感じたら、抜こうとしてみて下さい。

三人前後バージョンのレッスンを、一度、吃音《きつおん》（どもり）の人達が集まった場所でやったことがあります。真ん中に立った人（B）の多くは、ちゃんと倒れることができず（つまり、AとCの人に自分の体重を預《あず》けることができず）、自分の足で踏《ふ》ん張《ば》って、ただ中途半端に前後に揺れるだけでした（自分でおじぎして、反《そ》り返る、というような運動になっていました）。

それまで、いろんな場所で、いろんな人とこの「倒れかけレッスン」をしましたが、そして、例えば、二〇人いたら、一割はそういう人が必ずいましたが、吃音の人達の場合は三割から四割という高率でした。

僕は驚きました。驚いて考えて、想像しました。

僕は繰り返しエッセーで書いていますが、吃音の人は、どんな言語でも一%はいると言われています。日本だと、百万人以上いることになります。

けれど、あなたは、今まで、例えば、サークル活動や会議の自己紹介の時に、「私の名前は、や、や、や、や、や、や、や、や、や、やまだです！」と、顔を真っ赤にしながら、吃《ども》っている大人を見かけたことはないんじゃないかと、僕は思います。

吃音は、「隠された障害」と言われています。

つまり、吃音の人は、「自己紹介をしなければいけない場所」「必ず発言しなければいけない場所」には、行かない傾向があります。行かないので、吃音の人の声を聞く機会がどんどん減ります。減るから、たまに、顔を真っ赤にして吃っている人を見ると、条件反射的に笑ってしまったりします。揶揄《やゆ》して笑うのではなく、「わ、わ、わ、わ、わ、わたしのな、な、な、な」という経験したことのない言葉の流れに、生理的に笑ってしまうのです。

バカにした気持ちがなくても、笑われたという事実によって、吃音の人はますます、人が集まる場所には出かけなくなります。あとは、悪循環《あくじゅんかん》です。

出かけないから、めったに吃音を聞かない。だからたまに聞くと笑ってしまう。笑われたから、吃音の人はますます人前に出ない。出ないから、たまに聞くと人は笑う。

結果、吃音の人は、人間に対して警戒するようになるんじゃないかと思います。

「倒れかけレッスン」は、とりあえず、相手に自分の体を任《まか》せるという決断と勇気が必要です。それが、「信頼のエチュード」と呼ばれたりする理由です。

人間を信用しない、なんでも自分でやろうとする、傷つけられないように警戒する、人間に深入りしない、ということが染《し》みついている人には、三人前後・横パターンは、本当に難しいと思います。

ですが、できないことで、自分や相手を責めないように。

「表現力」のためのレッスンは、道徳のレッスンでもなければ、人生の修行のためのレッスンでもありません。

それは、「表現」を楽しむためのレッスンです。できなければできないでかまいません。今できない自分を楽しんで下さい。

「おっ、私は一人で前後に揺れてるぞ。健気《けなげ》だなあ」と思って、その感覚を楽しんで下さい。やがて、身を任せることも楽しそうだぞ、と感じるようになれば、自然に倒れられるようになります。

ちなみに、身を任せられない人の体は、当然、激しく緊張しています。体のあちこちが緊張でガチガチです。

ずっと、生きていくことで身構えているからです。大変だと思います。

【倒れかけレッスン・五人パターン】

友達がいないとできないので、無理かもしれませんが、念のために書いておきます。

真ん中の人は、楽に足を揃えて、まず、好きな方向に倒れます。例えば、後ろに倒れたら、後ろの人は優しく受け止めて、それから、好きな方向に、真ん中の人の体を押して下さい。

前に倒してもいいし、横に動かしてもいいです。そのまま、ぐるぐると回してもいいし、前から横、横から後ろといろんな方向に渡してもいいです。

真ん中の人は、目を開けてしばらくやったら、目を閉じて身を任せてみて下さい。その違いを感じて下さい。(絵5)

真ん中に立って、前後左右、四人の手で支えられると、あなたは、気持ちよい手と気持ち悪い手を感じるはずです。

気持ち悪い手は、まるで宅配便の荷物を雑に扱うようにあなたの体を受け止め、押し返

絵5

すはずです。あなたは、荷物になった気持ちになるでしょう。

気持ちよい手は、あなたの体を自然に受け止め、優しく次の方向へ押し出してくれます。

それは、人間の体を触《さわ》り慣《な》れているかどうかということです。

宅配便の荷物になったような気にされてしまう雑な手の持ち主は、じつは、人間の体を触り慣れてないのです。

もうひとつ、あなたの体との相性《あいしょう》ということもあります。

とても気持ちがよい手の持ち主とは、男女問わず、セックスの相性がいいはずです。真面目《まじめ》な人には、とんでもないことを書いていると思われるかもしれませんけど、体は正直なのです。早稲田の授業でも、僕は声を大にして言っていました（笑）。ちなみに、男女問わずというのが、素敵ですねと、言った学生がいました。

倒れかけレッスンのまとめ

ストレスを感じた時、体のどこが緊張するか分かったら、その部分の力を抜くことを毎日の習慣にします。

例えば、あなたは、ストレスを感じたらいつも首の後ろが緊張するとすると、「信号待ちをする時」とか「会社や学校の入り口を入る時」とか「エレベーターに乗った時」とか、毎日の生活の中で、必ず経験する場所に来た時、緊張する部分がほぐれ、楽になるイメージを持って力を抜くのです。

それが、習慣化するということです。

それだけでも、あなたの体はずいぶん楽になるはずです。

もちろん、習慣以外で、大変な仕事や嫌な人に会った後に、「私は〜の部分が緊張するから、〜の部分の力を抜くようにイメージしよう」と思うのは、大変有効です。

この本で紹介するレッスンは、一人か二人でできるものです。今回の三人、五人というのは、例外です。

読者の中には、一人でできるものだけを知りたいという人もいらっしゃるでしょう。

しかし、「表現力」のためには、じつは、相手がいる方が上達は速いのです。

なぜなら、相手がいることで、自分と相手の表現力の現状や上達を、客観的に見ることも、見てもらうこともできるからです。

そして、なにより、相手の表現力をもらったり、アレンジしたりすることができるからです。

なので、一人の人は、この本のこのページを開いて、誰かに話しかけて下さい。

「一緒に、表現力のレッスンをしませんか？」と。

冗談ではありません。男同士、女同士でもいいのですが、一番楽しいのは、男二人、女二人だと思います。男一人、女一人だと、恋人関係ではない限り、難しいでしょう。けれど、四人なら、気軽に始められるはずです。

そんな集団ができれば、素敵だなあと思うのです。

もちろん、兄弟、親子、夫婦でするのもお勧《すす》めです。

全体のレッスンの約半分が、パートナーを必要とするもの、もしくはパートナーがいた方が、より効果的なものです。

あなたに素敵なパートナーが現れますように。この本がきっかけで愛が生まれたりしたら、素敵なのですが。

レッスン2　体と出会う

【目隠《めかく》し体レッスン】

ヘンテコな名前ですが、二人でするレッスンです。

まず、Aがなんでもいいのでポーズを作ります。

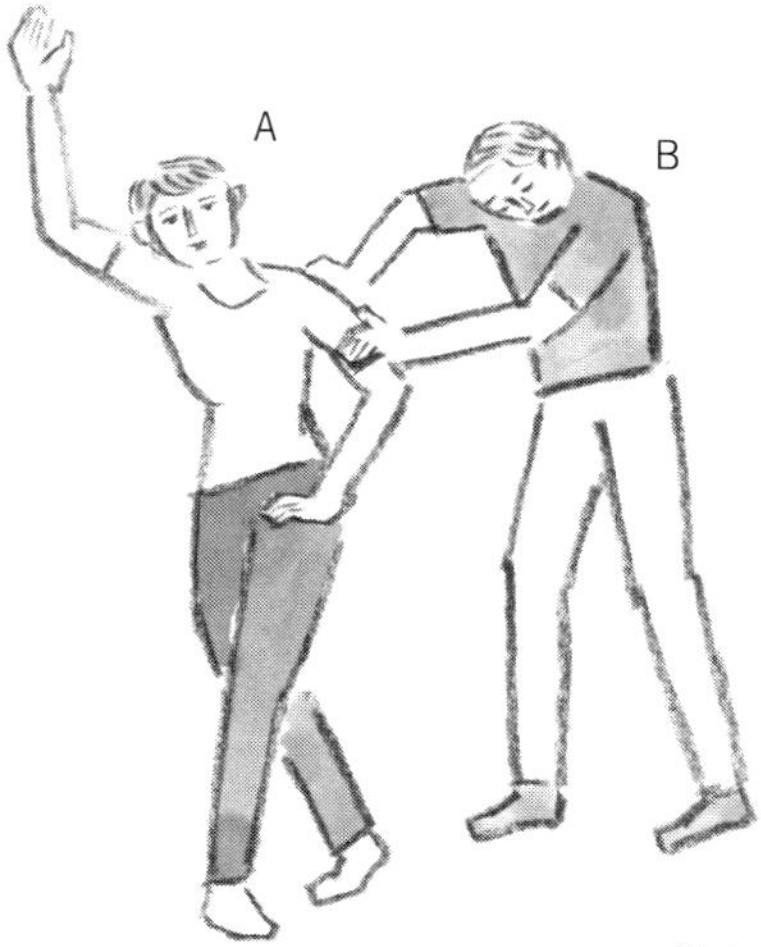

絵6

Bは横にいて、Aがポーズを作るまで目を閉じて待っています。

Aは、ポーズを作り終わったら（時間にして、数十秒から一分ぐらい。あまり悩まないで）、Bに、「できました」と知らせます。Bは、その声を頼りに、目を閉じたまま、Aの体を触ります。（絵6）

Bは、黙って、Aを触って下さい。「これ、腕？」とか「どんなポーズですか？」なんて、言いながら触らないように。

どんなポーズをしているか分かったら、Bは、目を閉じたまま、Aの横で、Aのポーズを真似します。

それが、このレッスンの目的です（触って、真似するまで、時間にして数分でしょう）。この時、まだ目を閉じています。Bは、完全にポーズを真似できたと思ったら、「じゃ、目を開けます」とAに告げて、目を開けて下さい。そして、自分がしたポーズとAがしているポーズの違いを具体的に確認して下さい。（絵7）

Aは、Bがポーズを作って目を開けたら、自分が作っているポーズと違っている部分をBに教えてあげて下さい。

「ちょっと違うね」と大雑把《おおざっぱ》に伝えるのではなく、具体的にです。指の形とか、足の角度など、具体的に伝えて下さい。それは、あら探しのためではなく、ちゃんとAの体とBが出会うためです。

体と直接出会う体験

Aが教え、Bが違いを確認したら交代です。

このレッスンは、うまくいくと、目を閉じて触っている間に、何もない暗闇から、相手の体がふわっと立ち現れるような感覚を経験します。人生で初めて経験する、ちょっと感

絵 7

動的な体験です。

それは、相手の体と直接、出会った瞬間なのです。

抽象的な体でもなく、記号としての体でもなく、生《なま》の体と直接出会った体験です。

と書いても、それは理解しにくいかもしれません。

では、「直接出会う」ということの意味を説明するために、逆に「直接出会わない」ことを考えてみます。

例えば、Aが作ったポーズが、ただ腕組みをしただけだとします。

Bは、Aを触りながら、胸の前で組まれた腕を感じます。その時、腕がどう胸の前で重なっているかを具体的に触って確認する前に、「あ、これはたぶん、腕組みなんじゃないか？」と〝頭〟で考えて、そのまま腕組みのポーズを作ってしまったとしたら、この場合は、Bは、体と直接出会うきっかけを失ってしまったことになります。

具体的な体と出会ったのではなく、〝記号としての体〟と出会ったことになるのです。

他にも、パターンとして知られている簡単なポーズ（ビートたけしさんの「コマネチ！」ポーズとか、ただあぐらをかいただけとか、バンザイとか）をAが取った場合、Bは〝記号としての体〟というパターンで処理して、体と直接出会うことが難しくなるのです。

ですから、ポーズを作る人は、なるべく複雑で、ふだんはやらないような形を作って下さい。

絵8

こんなポーズ（絵8）よりは、

こんなポーズ（絵9）を。

絵9

【目隠し体レッスン・四人バージョン】

やり方は二人でやったのと同じです。

二人Ａ・Ｂで共同してひとつのポーズを作り、別の二人Ｃ・Ｄが目を閉じたまま触ってそのポーズを真似するのです。

手順としては、まず、Ａ・Ｂが二人でポーズを作ります。二人の体が離れた単純なものではなく、なるべく絡《から》み合った複雑なポーズを作って下さい。

この時、Ｃ・Ｄは、目を閉じて待ちます。

Ａ・Ｂは、一分以内を目安にポーズを作り、目を閉じて待っているＣ・Ｄに、「いいですよ」と声をかけて下さい。（絵10）

Ｃ・Ｄは、その声を手がかりに、Ａ・Ｂのポーズに近づき、真似します。

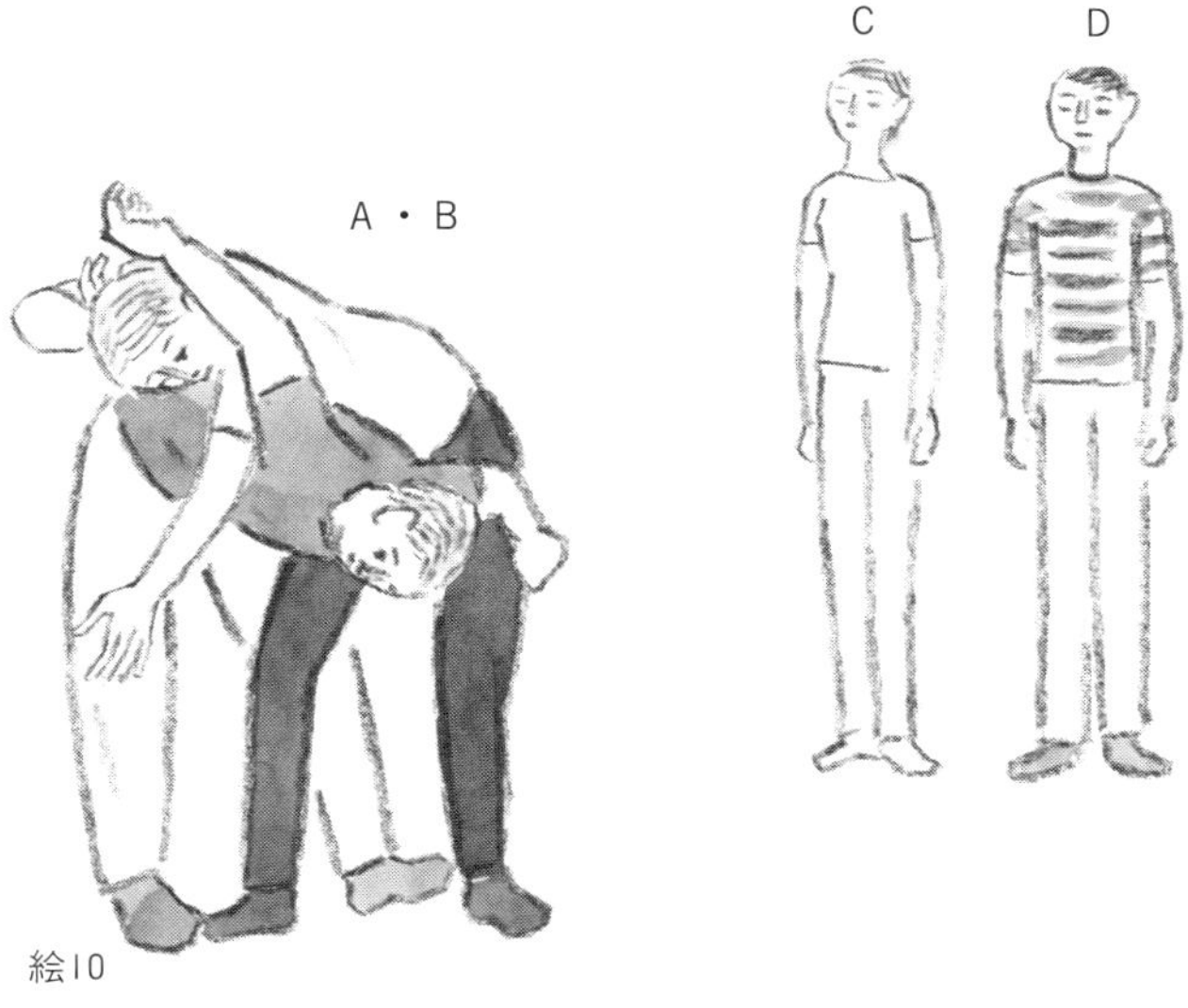

絵10

この時、C・Dは、触りながら、お互い、会話してはいけません。つまり、「おっ、ここに腕がある」とか「そっちはどう？」とかの会話はしないで下さい。ただ、黙々と触って下さい。

そして、数分間触った後（三分から五分が目安です）、ポーズを真似する時だけ、「じゃ、始めましょうか？」とお互い、声をかけて下さい。

その後は、また黙って、CとDはAとBのポーズを真似してみて下さい。

黙って、どうしてうまくいくんだって思ってますか？　まあ、やってみましょう。いろんな発見があるはずです。

後は二人バージョンと同じです。

C・Dは、目を閉じたままポーズを真似して、完成したと思ったら、「じゃあ、目を開けます」とA・Bに伝えて下さい。

A・BとC・Dは、ポーズをしたまま、どこが同じで、どこが違うか確認して下さい。うまく見えない場合は、C・Dは、ポーズを取ったまま、場所を移動するとか、九〇度回転するとかして下さい。

とにかく、楽しく確認しましょう。

二人バージョンよりは、真似するポーズを作るのに、時間がかかります。まったく分からない場合は、一〇分とか時間を切って、その時点で分かる範囲を真似してみて下さい。

しゃべらないで下さい

しゃべらないように、と書くのは意味があります。

女性で、このレッスンの最中、しゃべり続ける人がたまにいます。

「あ、何これ、どんなポーズなの？　あ、今、私どこ触ってるの？　いや、これ何？　恥《は》ずかしい！　どういうこと？　訳が分かんないわ」と、速射砲《そくしゃほう》のようにしゃべり続ける女性が出現するのです。

やってみると分かりますが、しゃべり続けるというのは、「今自分が体験したことを深く理解する」ことを妨《さまた》げます。しゃべり続けていると、体験がお腹の奥深くまで落ちてこないのです。

テレビドラマを見ていて、「なんで、ＯＬなのにこんないいマンションに住んでるのよ。家賃いくらよ？　なんか悪いことしてるんじゃないの？　そのソファーなんか高いでしょう！」

と、言い続けていれば、ドラマに感動することはありません。自分の体験を深く味わうためには、沈黙が必要なのです。

「表現力」のためのレッスンは、おそらくあなたが今まで体験したことのない内容が多いでしょう。未知なものは、混乱と恐怖を与えると思い込みがちです（そんなことはないのに、です）。なので、放っておくと、みんなしゃべりがちになります。レッスン1の倒れかけレッスンも、倒れながら、

「あー、なになに、これ！　倒れてる！　受け止めてよ！　頼むわよ！　倒れる！　倒れる！」と叫び続ける人が出現します。

だから、その感覚を深く味わうために、黙って下さい。

もちろん、楽しければ笑っていいし、怖ければ悲鳴をあげてもいいです。ただ、言葉を連続して、バリアを張らないようにして下さい。

もうひとつ大切なこと

僕のレッスンでは、ペアになる時、なるべく男女のペアになるようにお願いします。

それは、日本人が「他人の体に触《さわ》る」ということがとても下手だと僕は思っているからです。

ちょっと長くなりますが、書きます。

僕達日本人は、じつは、「異性の体を触る」という場合は、「セックスを前提《ぜんてい》にしている

時」だけです。

セックスをするという了解・雰囲気の時だけしか、日本人は異性の体を触りません。

僕は街を歩いていて、中年のおばさんから、

「あ、テレビで見たことある。鴻上だ、鴻上さんだ!」

と言われて、肩や背中をぴしゃぴしゃ叩《たた》かれることがあります。

叩かれながら、僕は「おばさんたちは、触りたいんじゃないだろうか?」と思います。触りたいのに、日本には、セックスを前提にした場合しか異性を触ってはいけないという文化があるから、叩いているんじゃないかと思うのです。

土俵に向かう花道を歩いているお相撲さんや、リングに向かうプロレスラーに対して、やっぱり、日本人は触らないで、叩きます。

みんな、じつは触りたいんじゃないかと思うのです。

一年間、僕はイギリスに留学して、「異性がセックスを前提にしなくても触り合う文化」を体験しました。

週末、僕達は、男女関係なく、教室や廊下《ろうか》で「いい週末を!」と言いながら握手をして、頬《ほお》を軽く合わせました。

大変な一週間だった場合は、お互い、軽く抱きしめ合って(ハグして)、一週間、負け

なかったことを喜び合いました。

その時、僕は、「触れ合うことの豊かさ」を経験しました。

授業で大変な失敗をして、落ち込んでいる時に、ふっと抱きしめられた時、どんな言葉よりなぐさめられる感覚を経験しました。

相手は、セックスを前提とした恋人ではなく、イギリス人のクラスメイトの女性でした。それでも、僕は抱きしめられて癒《いや》されました。

そして、ふと、日本での生活を思い出しました。

日本にいる時、セックスを前提にしない異性間の接触はないという文化で生活している時でも、「ああ、今、抱きしめられたい」と思ったことはなかったか？　逆に、ものすごく落ち込んでいる異性を見た時、セックスを前提にしていないのに「ああ、今、抱きしめてあげたい」と思ったことはなかったか？

じつは、両方とも、僕はありました。ありましたが、そんな気持ちを打ち消してきました。

僕は、異性に対して、セックスを前提にしなくてもちゃんと触れる人間になりたいと思いました。

もちろん、誤解を与えてはいけませんから、むやみには触れませんが、しかし、レッスン参加者に僕は言います。

「これからの国際化で、いつ、外国人と出会うかもしれない。彼ら・彼女らは、セックスを前提にしないで、ハグしてくるよ。その時、ただドギマギしているだけじゃあ、もったいないでしょう。それから、日本人同士でも、ふっと抱きしめてあげられたら、そして、それでパワーをあげられたら素敵だと思うんですね。だから、レッスンではなるべく、男女ペアになって欲しいんだ。セックスを前提にしないで、異性の体を触るということに慣れて欲しいから」

U2というバンドが東京ドームでコンサートを開いた時に、バラードの曲で、ボーカルのボノは、日本人女性を一人、ステージに上げて、チークダンスを始めました。

当然、日本人の女性ファンたちは、悲鳴をあげて、「やめてー!」と叫びました。憧《あこが》れのボノが、女性を抱きしめて踊っている。

が、悲鳴はだんだんと減っていきました。最後には、そのチークダンスをみんな黙って見つめていました。

それは、ボノの抱きしめ方が、人類が人類を抱きしめるというか、人間が人間と触れ合っているというか、そんな素敵なチークダンスだったからです。

僕は、あんなに感動的なチークダンスを見たことがありませんでした。いやらしい匂《にお》いはまったくなく、ただ、疲れている人間同士の癒しというか、激励《げきれい》だけがありました。抱き合っていることで、お互いのエネルギーが満ちていく感覚が伝わってきました。

そんな風に、異性を抱きしめられたらいいなと、僕は思ったのです。

この話をした後、イギリスの留学時代のエピソードをもう一度、レッスン参加者にします。

「でね、イギリスの演劇学校では、月曜に『週末はどうだった?』って言いながら、また、握手して、頬《ほお》をくっつけて、(場合によっては)ハグするんだけどね、留学して二ヵ月ぐらいたった時に、『待てよ、あいつだけ、女性のクラスメイトは頬をくっつけないぞ』っていう男性のクラスメイトがいたんだ。名前はRってんだけど、Rの場合だけは、女性のクラスメイトは握手して終わりなんだよね。おかしいなあって見てたら、たまに女の子がRと頬をくっつけると、Rは異様にスリスリするんだよね。Rは男から見たらとてもいい奴なんだけど、いわゆるオタクで、ニキビとソバカスが一杯で、『俺はもてない!』っていうオーラを全身から出している奴だったんだ。だから、たまに女の子と頬をスリスリしていると、全身から『飢《う》えてるぜ光線』が出てたの。だから、女の子たちは、めったにRとは頬を合わせなかったの。この発見は、僕には衝撃だったね。『ああ、イギリス人もイタリア人も、みんな無条件でスリスリするんじゃないんだ。嫌な相手には、しないんだ』という衝撃。ま、考えてみれば当り前のことなんだけど。だから」

と、僕はレッスンの参加者の男たちをぐるりと見回して、

「異性を触りながら、『飢えてるぜ光線』が出ないように気をつけましょう」

と言うのです。

ちなみに、小学校、中学校、高校で、この「目隠し体レッスン」を、異性同士でやるのは、不可能だと思います。異性との接触を冷静に受け入れられるのは、大学生になってからです。

小学生相手に、「男女ペアになって」と言おうもんなら、「すけべー！　こいつ、すけべー！」と叫ばれてしまいます(笑)。それが、逆にものすごく意識しているってことなんだと分からないのが小学生の微笑《ほほえ》ましさなんですが、そもそも大人たちが持ってない文化を小学生に経験してもらおうと思うのは無理というものです（もちろん、同性同士なら小学四年生ぐらいからこのレッスンを楽しんでくれます）。

そう考えると、中学生の時やったフォークダンスの無残《むざん》さも納得します。日本人は、「セックスを前提としない男女は皮膚接触しない」という文化を持ちながら、無条件にフォークダンスを輸入してしまったのです。驚愕《きょうがく》の自殺行為です(笑)。体育の時間や運動会の時のフォークダンスが、どうしてあんなに恥ずかしく、居心地が悪かったのか、今なら

分かります。

僕は一度、小学生相手のレッスンで、おもわず「男女ペアになって」と言ってしまい、一斉《いっせい》に、「すけべー！　すけべー！」と騒がれたことがあります。分かっていたことでしたが、あまりにも腹が立ったので、この「セックスを前提にしない異性は接触しない日本文化」の話をしました。小学生はキョトンとして、先生たちはあわてていました。申し訳ないことでした。はい。

あなたが、「セックスを前提としない異性」の体を素敵に触れる人になれますように。

レッスン3　体で遊ぶ

【彫刻《ちょうこく》レッスン】

体と直接出会ったら、次に体で遊び始めてみましょう。

これは、二人でおこなうレッスンです。

まず、Aは彫刻家です。Bは素材です。

Aは、Bの体を使って彫刻を作ります。そう、駅前とか公園にある彫刻ですね。

制作時間は三分間程度。

まず、素材であるBを見つめる所から始めます。素材に刺激されてポーズを作る所から始めます。

足を広げたり、両手の形を変えたり、直接、体を触って作って下さい。もちろん、曲がらない関節の方向に曲げようなんてしないで下さい（笑）。

また、素材であるBは、「こんなポーズ嫌だ」とか「こんなポーズはつまらない」とか文句は言わないように。完全に素材に徹《てっ》して下さい。（絵11）

顔の表情も、うまく作って下さい。この場合は、「ぐわっと目を開いて」とか言ってもいいですし、求める顔をAが自分で作って、それをBに真似《まね》してもらってもいいです。他の、手や足の形は、なるべく口で言わないで(つまり、「右手を上げて」ではなく)、相手の右手を持ち上げて、「ここで止めて」と指示するだけにして下さい。

絵11

そして、これが一番大切なこと。彫刻には、タイトルをつけて下さい。名詞でもいいし、文章でもいいです。自由です。「旅立ち」だの「私は苦悩する」でもなんでもいいです。

もし、グループでこのレッスンをする場合は、彫刻を作り終わったら、自分の彫刻を残して(つまりBはポーズを取ったままで)、Aは他の彫刻を見て歩いて下さい。そこが、彫刻を展示しているギャラリーということです。

三組だったら、三体の彫刻と三人の彫刻家ができることになります。三体の彫刻は、ポーズを取ったまま動かないで、三人の彫刻家は他の彫刻を見て下さい。そして、一番、自分の気に入った彫刻の側《そば》に立って下さい。もちろん、自分の作ったものが一番と思うなら、それでもいいです。

そして、お互い、自分の気に入った彫刻のタイトルを聞いて下さい。タイトルを聞いて、面白さが倍増する彫刻と、「な〜んだ」とがっかりする彫刻があります。

そこまでやったら、交代です。Bが彫刻家になり、Aが素材になります。

【彫刻レッスン・喜び】

今度は、先にタイトルを決めて、彫刻を作ります。タイトルは「喜び」。

じつは一般の人は、一〇人中七人までが、以下のバリエーションの中で、「喜び」を作ります。(絵12)

両手を広げて、空中に上げたポーズです。まるで誰かに、「いいですか、喜びの形は、両手を前に差し出して、ちょっと開いた形なんですよ」と決めら

絵12

れたみたいに、ほとんどの人がこのポーズを作ります。

で、あなたもそうなったなら、そうではない「喜び」のポーズを作って下さい。

ここで初めて、あなたは、「表現」と出会うのです。無条件に形を作るのではなく、どんな形がいいのかと、相手の体を、それはつまり自分の体が作る表現を考えることなのです。詳しくは後述します。


【彫刻レッスン・怒り】


そして、今度は怒りです。

どんなポーズを作りますか？

絵13

じつはこれも、上のパターンが多いです。（絵13）
七割近くの人が、このバリエーションです。拳《こぶし》を握り、片手を振り上げて、地面に向かって叩こうとします。
では、違う怒りの形を探して下さい。
自分の「喜び」や「怒り」が、パター

ンだと分かった時、初めて、「体」で表現する意味を知ることになります。

私たちは、誰に命令されたわけでもないのに、自分の感情をパターンの動きで表現します。そして、そのことに疑問を持ちません。

テレビをつけるとすぐに分かります。悩むという演技の時、普通の俳優は、「腕を組む」「頭をかく」「たばこを吸う」というこの三つのパターンですませています。

「悩む」という動きが三パターンだということは、逆に言えば、「悩む」という感情は、三パターンしかないということになります。三パターンしかないから、三つの表現で満足していると考えられるのです。

でも、そうではないでしょう。悩みの種類は、無限にあるはずです。自分の未来に対する悩みと恋愛の悩みと体重の悩みと仕事の悩みと便秘の悩みと病気の悩みが同じはずはありません。けれど、それに対応するはずの動きが、三種類しかない、というのは、なんとももったいないことです。

「表現」と「感情」の関係

ここでちょっと、「表現」と「感情」の関係を考えてみます。

僕が大学生の時、電車に乗っていると、隣に立っていた中年のカップルが会話を始めました。

まず、女性が、「ねえ、私のこと、愛してる?」と聞きました。

中年の男性は、

「愛してるよ」

と答えた後、

「いや、『愛してる』なんていう固っ苦しい表現じゃないな。『好きだ』。これだな。……いや、違うな。なんか薄いよな。『惚《ほ》れてる』。……そうなんだけど、なんだか時代劇みたいだな。『抱きたい』。もちろんそうなんだけど『一緒にいたい』。うん、でもそれだけじゃないし、『抱きしめたい』。うん、近いな、でもちょっと違うし……」

と、言葉を探し始めました。

僕は、その発言を聞きながら、感動していました。彼がどんな言葉にたどり着くのか、興味津々《きょうみしんしん》でしたが、二人は次の駅で降りてしまいました。僕はバイトがあって、追いかけることができませんでした。

人は恋をすると、「表現」と「感情」に対して厳しく、敏感《びんかん》になります(この場合の「表現」は「言葉」ということです)。

つまり、「言葉」と「感情」の距離に初めて気付くのです。「言葉」が「感情」をそのまま表現したものではないと分かるのです。

あなたにも経験があると思います。言っても言っても、しゃべってもしゃべっても、自分の気持ちを正確に表現したと思えない感覚。

その時、人は、感情と表現の厳密な結びつきを探そうとするのです。

自分の感情をちゃんと表現したいと熱望するのです。

そして、表現の限界を知るのです。つまり、「言葉」と「体」の限界を知るのです。どんなに「言葉」と「体」を使っても、表現できない気持ちの存在を知るのです。知って、それでも、表現しようと、感情に一番合った「声」と「体」を探し続けるのです。

「喜び」というタイトルの時、ほとんどの人が同じポーズになってしまうのは、つまりは、自分の「喜び」という感情に対して、鈍感《どんかん》だったのです。

自分の「喜び」という感情を、その感情に対応する表現でちゃんと、厳密に、的確に表現したいと思わなかったから、パターンですませることに疑問を持たなかったのです。

僕達は、こういう日常を生きています。

それが悪いの？　と聞かれたら、もちろん、僕は悪いとは言いません。

それは、「会う人とか行く場所とか気分とかに合った服装をちゃんと、厳密に、的確に選ぶ人がいるんだけどさ、私はパターンで適当に選んでるだけなの。それが悪いの？」と聞かれた場合と同じです。

場所や人や気分に合わせて「髪形」や「ファッション」や「メイク」の表現をちゃんと考えている人が、どうして、「体」の表現は考えないんだろう、と思うだけなのです。

この「彫刻レッスン・喜び」を経験すると、人は、「自分の体で表現すること」に対して、一歩、自覚的になります。それが、表現力がアップしたということなのです。

何万通りの「喜び」の種類があるように、何万通りの「喜び」の表現の形がある、ということに気づく第一歩になるのです。

ただし、それを真面目に追求するのではなく、楽しみましょう。楽しんで、いろんな「喜び」の表現を見つけましょう。「表現力」の追求は、何度も繰り返しますが、「表現」を楽しむことから始まるのです。

レッスン4　声と出会う

共鳴する場所は五つある

体のレッスンが続いたので、声に移ります。

まず、「声」の基本からです。

声はどうして出るか知っていますか？

声帯《せいたい》があるから？

声の出るメカニズムをうんと簡単に説明すると、以下のようなことです。

まず、肺から出てきた空気が気管を通り、声帯の間を通り抜けます。

声帯は、あなたの喉仏《のどぼとけ》（英語で言えば、the Adam's apple　アダムのリンゴ）にあります。

声帯は閉じたり開いたりする門のようなものです。この門が閉じたり開いたりしながら激しく震え、空気を通過させます。この振動《しんどう》が、音になるのです（もっと詳しいメカニズムを知りたい人は、『発声と身体のレッスン』を参考にして下さい）。

声帯の振動だけだと、大きな声は出ません。それは、ギターの弦《げん》を、ギターから外して引っかいているようなものです。弦の音は、ギターのボディーで共鳴《きょうめい》して初めて、大きな音になるのです。

人間もじつは同じです。

声帯だけだと、とても小さい音しか出ません。声帯で作った音を、ギターのボディーのような場所で共鳴して、大きな音にしているのです。

人間の共鳴の主な場所は、五つ。

1　鼻

2　口

3　頭

4　ノド

5　胸

です。

厳密には、鼻とは鼻腔《びこう》と呼ばれる鼻の後ろにある空間のことですし、口は、口腔《こうこう》と呼ばれる口の中のことですが、そんな厳密さよりも、人間は、ギターで言えば、五種類のボディーを持っているんだという感動的な事実に、驚いて下さい。

ボディーを替えて、バイオリンにもチェロにもコントラバスにもなるんだと言ってもいいでしょう。
あなたは、ふだん、どの場所を主に共鳴して、声を出していますか？
えっ？　そんなこと、考えたこともない？
では、確認しましょう。

【ハミングレッスン】

まず、口を閉じて「ん〜」とハミングしながら、鼻に振動を集めるイメージを持ちます。鼻がムズムズする感じです。
具体的に、鼻を触ってみて下さい。（絵14）
これは比較的簡単にできると思います。厳密に考えなくていいです。なんとなく、鼻が

絵14

絵15

振動しているなと感じたらそれで充分です。

次に唇が震えるイメージでハミングします。

これも、具体的に触ってみましょう。（絵15）

では、次に頭です。

頭に手を置いて、ハミングしながら振動を手のひらに感じてみましょう。（絵16）

これは、すぐにはできない人が、一〇人中二、三人はいます。焦らなくてかまいません。手のひらにまったく振動を感じない人は、ハミングの音程をちょっと下げてみて下さ

絵16

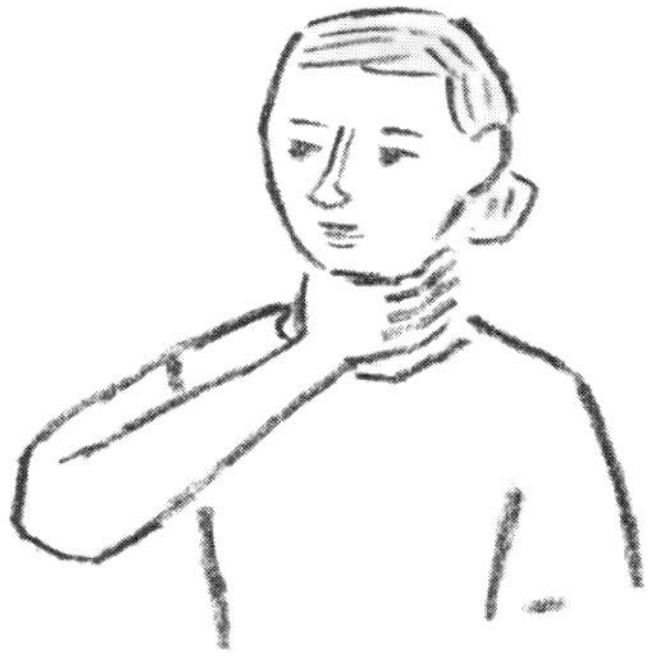

絵17

絵18

絵19

い。音程が高すぎると、振動を感じないのです。

振動を感じている人は、ためしに、音程を上げてハミングしてみて下さい。振動を感じなくなるはずです。

次に、ノドです。（絵17）

これは全員が振動を感じるでしょう。

ハミングしながら、「ああ、ここを振動させるって、なんだか安心だなあ」なんて感じた人は、いつも、ノドを主に使って発声している人です。声が嗄《か》れやすくはないですか？

次に、胸です。

胸を振動させるイメージで、ハミングしてみて下さい。（絵18）

以上の五つ、鼻、唇、頭、ノド、胸をハミングで震わせることが、五つの場所を共鳴させるためのレッスンの第一歩なのです。

五ヵ所、それぞれの場所でハミングしたら、今度は、ハミングしながら、それぞれの場所を移動させます。

絵19は、鼻から頭にハミングを移そうとしているところです。移る瞬間に、ハミングを途切れさせないように。「ん〜」とハミングを続けながら、鼻から頭に移って下さい。移って、初めて、息継《いきつ》ぎのために切れ目を入れて下さい。

その後、次々に五ヵ所を触って、触った場所を振動させて下さい。

もちろん、鼻がムズムズするようにハミングしている時は、唇も振動しています。ただ、唇をメインに振動させようとしている時よりは、小さく感じます。ノドももちろん、振動していますが、ノドをメインに振動させようとした時よりは、やはり小さく感じます。

鼻と唇を同時に押さえて、鼻をメインに振動させている時の唇の震えの強さと、唇をメインにしている時の唇の震えの強さの違いを感じてみて下さい。鼻も同じです。鼻をメインに震わせている時の強さと、唇をメインに震わせている時の鼻の振動を比べて下さい。

最初は、なかなか的確には、振動の場所を移せないと思います。鼻から頭に振動を移そうとしても、頭の振動をすぐには感じられないかもしれません。鼻から唇の場合でも、すぐには振動の強さが鼻から唇へは移らないかもしれません。一、二秒の確認の後、振動は定着するかもしれません。が、一日五分、二週間も続ければ、楽に五ヵ所を震わせることができるようになるはずです。

うまくいかない間も、焦ることなく、五ヵ所の振動の違いを楽しんで下さい。

【ハミング・パートナーレッスン】

こんな発展形もあります。Aが、順番に、パートナーBの五ヵ所を触ります。触られたBは、そこがメインに振動するようにハミングします。（絵20）

五ヵ所がすんだら（できなくても焦ることはありません）、今度は、首の後ろとか、肩、背中の上などをAは触ってみて下さい。

絵20

Bは、そこを振動させるようにイメージしてハミングしてみて下さい（パートナーがいなければ、自分で自分の肩とかを触って下さい）。

偶然、肩が振動している場合もあるので、Aが肩の振動を感じたら、「あ、感じ

絵21

ます」とBに伝えて下さい。そうしたらBは、ハミングしながら、その振動を肩から外《はず》して、別の場所に移動させて下さい（振動を感じられないようにしてみて下さい）。

肩や背中の振動を、どうしても外せない人は、うんと高い音でハミングしてみて下さい。振動は、たぶん、感じなくなります。

振動が外れた感覚を味わってみて下さい。

それでは、ハミングを終わらせて、実際に声を出してみましょう。

【五音レッスン】

「ん〜」と鼻をムズムズさせながらハミングしたら、そのまま、ゆっくりと口を開けて、「アー」と声を出します。口の大きさは、人指し指と中指二本を縦《たて》に並べて入る程度です。（絵21）

うまくいけば、それが、鼻で共鳴して出した音です。

その音を楽しんで下さい。

ちなみに、鼻の共鳴の場所、鼻腔は、この五ヵ所の中では一番大きな空間です。バイオリンの一族（？）で言えば、コントラバスですか。

空間が一番大きいので、少ないエネルギーで、大きな声が出せます。

僕も、声帯が疲れてくると、鼻腔を共鳴させて、声帯の負担を減らそうとしたりします。

鼻腔を主に共鳴させている人ですぐに思い浮かぶのは、オペラ歌手の人達です。俳優さんだと、平幹二《ひらみきじ》朗《ろう》さんをはじめとした「新劇」と呼ばれるジャンルの人達に多いようです。

あなたの舌で、口の中の上の部分を触ると、前歯に近い方は固く、途中から柔らかくなっています。

この柔らかい部分を上に持ち上げ、鼻に空気をぶつけるイメージで「おお〜」と声を出せば、オペラ風の声が出ます。これが、鼻腔を共鳴させた一番分かりやすい音です。

次に、唇をムズムズさせてハミングした後、口を開いて「アー」と声を出します。

口の中を共鳴させた音です。

口の共鳴で、一番、分かりやすいのは、俳優の田中邦衛《くにえ》さんです。『北の国から』の五郎さんですね。口の中で音を共鳴させて話している音です。ちなみに、クレヨンしんちゃんの声もそうです。「みさえ〜」は、口の中の共鳴の音です。

頭で共鳴させた声の出し方も同じです。頭を震わせてハミングした後、ゆっくり、口を開いて「アー」と言ってみて下さい。

頭に置いた手に感じる振動はなくなります。振動が、声になったのです。

「ピンクの電話」という女性漫才コンビで、やせて、声が甲高い人がいますが、あの声が、頭を共鳴させて出した音です。

最近だと、お笑いグループの「安田大サーカス」の顔は怖くて声が甲高い人です。「クロちゃんです！」と、思いっきり、頭を共鳴させて話しています。

この声を出すためには、共鳴する場所を、どんどん上に上げていこうとイメージして下さい。

逆に、自分の声が甲高いと悩んでいる人は、共鳴の場所を下げるイメージを持てばいいのです。頭からオデコ、オデコから鼻、鼻から口へ。イメージするだけで、声は低くなります。

ノドも同じです。ハミングでノドをムズムズした後、ゆっくり口を開いて下さい。

ノドを共鳴させて出している声の持ち主としては、代表的には、俳優の中尾彬《あきら》さんです。中尾さんは、ノドの空間をきれいに共鳴させています。

ノドで主に発声している人は、多くの場合、ダミ声になります。それは、共鳴の空間が小さいので、大きな声が出ず、無理して大きな声を出そうとして、声帯を傷つけてしまう結果です。声帯が荒れ、ひどい場合には、ポリープや結節《けっせつ》ができて、空気が漏れて、割れた声（ダミ声）になるのです。

胸もやり方は同じです。ただし、胸はイメージだと思ってもらった方がいいでしょう。実際に、胸をメインに響かせて声を出している人は、なかなかいません。まれに、黒人歌手の人で、胸を共鳴させて歌っている人がいるぐらいです。

名前をあげさせてもらった人達は、五ヵ所の共鳴の場所を、それぞれ特化・集中して使っている人達です。

ですが、普通は、一ヵ所だけに特化・集中している、ということはめったにありません。ノドを七〇％、鼻を三〇％の割合で共鳴しているとか、さまざまな場合があります。

ただし、あなたが、よく声が嗄《か》れるという場合、ノドをメインに共鳴させている場合が多いです。

あなたが仕事でたくさんしゃべる必要のある人で、週末には、ノドの調子がおかしいのなら、それは、ノドの共鳴だけに頼りすぎている結果です（声帯そのものの器官的な問題の場合もあります。その場合は、迷わず耳鼻咽喉科《じびいんこうか》へ）。

これは、表現を楽しむ以前の問題です。

演劇を見に行って、俳優の声が嗄れていたら、「金返せ」と思うでしょう？　セリフが聞こえなかったり、割れた声が耳に不快だったりすると、「それでもプロか？」と憤慨《ふんがい》するはずです。

仕事で声を使う人は、演劇の俳優と事情は同じだと思って下さい。割れたダミ声しか出なければ、表現は単調になってしまいます。

ハミングレッスンと五音レッスンを続けると、自分の声がどこで共鳴しているのか、自覚できるようになります。

面白いことに、他人の共鳴の場所も分かるようになるのです。

「あ、あの人は、ノドで主に共鳴している。もうすぐ嗄れるぞ」なんて分かるようになるのです。

理想の共鳴は顔にある

さて、五ヵ所の共鳴の場所を説明しましたが、あなたが生活をしていく上で、理想とする共鳴の場所は、顔になります。

顔全体を共鳴させるのです。

五ヵ所のどこかの場所を特別に共鳴させるのではなく、顔全体を意識します。

まず鼻でハミングして、ゆっくり口を開けます。「アー」と言いながら、顔全体に振動が広がるイメージです。

顔で共鳴する声が、一番、嗄れにくく、ニュートラルな音になります。基本の音です。

共鳴の場所が分かるようになれば、顔全体を共鳴させることも簡単にできるようになります。

では、五ヵ所の共鳴の音はもう不必要なのでしょうか？

顔で共鳴できるようになったら、もう頭で共鳴してはいけないのでしょうか？

そんなことはありません。

あなたは、頭で共鳴する声を経験したのです。それは、新しいアイテムを手に入れたのと同じことなのです。

頭で共鳴した音を出してみて下さい。

どんな感じがしますか？

頭を共鳴させた甲高い声で、自分の名前を言ってみましょうか？

僕なら、「ショウちゃんです！」です。

さ、あなたもどうぞ。

……どんな感じがしましたか？

それは、あなたが今まで出したことのない声ですか？　そんな声を出すと、どんな気持ちになりますか？　逆に、その声は、どんな気持ちやイメージにふさわしい音ですか？

この話は、レッスン5に続きます。

まずは、五ヵ所の声をそれぞれに出して、音の違いを楽しんで下さい。

基本はもちろん顔ですが、五ヵ所を楽しんで下さい。

それが、あなたの声です。あなたは今、自分自身の声と初めて、ちゃんと出会っているのです。

人間は、声帯で出した音を、この五ヵ所のそれぞれの場所で共鳴させて、大きな音にしています。

楽器でたとえたように、人間は、共鳴のボディーを替えることができるのです。それも、自分の意志で、です。

つまり、人間は楽器でありながら、同時に演奏者なのです。すごいことだと思いませんか？

レッスン5　声を知る

【声の五要素レッスン】

ただ単純に「いい声」というのは、「いいメイク」とか「いいファッション」というのと同じで、あまりにも大雑把《おおざっぱ》です。

「いいメイク」が、こまかくメイクの方法を分析しているように、声ももっと詳しくみてみましょう。

感情を変えると、声の響き方が変わります。

では、感情以外の何を変えると声は変わるのでしょうか？

本当はじっくり考えて欲しいのですが（ですから、あなたに時間的余裕があれば、ここで本を閉じて、数分間は考えて欲しいのですが）、時間のない人向けにここでは先に答えを言います。

あなたの声には、次の五つの要素があります。

1　大きさ

2　高さ

3　速さ
4　間
5　声色

では、「声で遊ぶってどういうことなんだろう？　楽しいのかなあ？　難しいと嫌だなあ」という文章を、まず、大きさを中心にして言ってみましょう。

大声が出せないって

まず、できるだけ大きな声です。

えっ？　大きな声を出せない？　部屋の壁は薄い？　隣近所の手前、恥ずかしい？　世間体がある？　親や兄弟から、狂ったと思われる？　そうなんです。じつは、大きな声を出せないというのは、とても問題なのです。

ふだん、カラオケで騒いでいる人は、まだましですが、ここ何年も大きな声を出してない（出す時は、怒鳴る時だけ）という人は、とても問題です。

何年も大きな声を出してないというのは、体でいえば、汗をかくような運動を何年もしてないのと同じです。

例えば、あなたを四畳半の小さい空間に閉じ込めたとします。最初、あなたの体はムズムズし、運動を求めるでしょう。広い空間で、思いっきり体を動かしたいと感じるでしょう。ですが、やがて、そんな欲求も感じなくなるはずです。運動しないことが、普通の状態になるのです。あなたから、運動という欲求が消えたと言ってもいいでしょう。

運動という「表現」が消えたことで、運動が与えてくれる「感情」も消えるのです。久しぶりに運動して、「ああ、やっぱり汗をかくっていいなあ」としみじみするのは、運動という「表現」によって、もう一度、「感情」を手に入れたということです。

大声という「表現」を手放したことで、あなたは大声が与えてくれる「感情」も手放したことになります。「大声を出して感じる感情なんて、別にたいしたことないだろ」と思う人がいれば、「経験する前に、そう決めつけるのはもったいないなあ」と思います。それは、「運動なんて別に気持ちよくないだろ」と運動をする前に言う人と同じだと思うのです。

まして、四畳半にずっと閉じ込められている人がいたとしたら、「運動するなんて無意味だ」と主張するでしょう。

ですから、僕は授業で、生徒全員に「声で遊ぶってどういうことなんだろう？　楽しいのかなあ？　難しいと嫌だなあ」という文章をちゃんと大声で叫んでもらいます。最初は、みんな恥ずかしがりますが、大声を出すことの面白さ・気持ちよさを知ると、だんだんと恥ずかしさを無視するようになります。そもそも、周りが大きな声を出せば、自分の声を気にしている場合ではなくなるのです。

いつから、大声を出さなくなりましたか？　小学校や中学校では、間違いなく大声を出していたはずです。運動系のクラブ活動をしていた人なら、高校でも大声を出したでしょう。あなたが、今でも、大声を出しているのなら（人を怒鳴る声ではなく、楽しい大声なら）、それはとても素敵なことです。

ついでに、あなたは今でも全力疾走してますか？　いつから、全力疾走しなくなりましたか？

なので、どうか、カラオケボックスとか電車が通るガード下とか楽器を練習している人が多い公園とか休日の誰もいない学校や会社の会議室や山奥や閉め切った土蔵《どぞう》（？）とかで、ぜひ、大声で冒頭の文章を叫んで下さい。

次に、あなたが出せる最小の声で、「声で遊ぶってどういうことなんだろう？　楽しいのかなあ？　難しいと嫌だなあ」と言ってみて下さい。ただし、ウィスパー（息でかすれた声）にならないギリギリの小ささです。

では次に、完全にウィスパーの声でささやきます。声として成立するギリギリの小ささで言ってみて下さい。それより小さければもう声になっていない、という音量です。隣に誰かいたら、その人の耳元でささやいて下さい。たぶん、あなたは今まで、そんな声を出したことがないはずです。

どんな気持ちになりましたか？　そんな声を出すという「表現」によって、どんな「感情」を持ちましたか？

ここから、ちょっと大切な話になります。

表現で感情が動く

「どうして私たちはテレビや映画、小説、演劇、マンガの物語を求めるのだろう？」という疑問を持ったことはありませんか？

いろんな理由があるでしょうが、ひとつは、「経験したことのない感情を経験できる」ということだと思います。

ものすごく切ない恋愛ものを見て（読んで）胸が押しつぶされるほどキュンとするとか、悲劇のヒロインや冒険物語のヒーローに感情移入して眠れないほど興奮する、なんてことは、日常ではなかなか経験できないことです。

体を動かすことが気持ちいいように（だから、人は定期的に運動やスポーツを求めるように）、じつは感情を動かすことも気持ちいいのです。

感情がぐわっと動くことは、気持ちいい。たとえ悲しくて涙を流した時も、泣いた後にすっきりとした感覚を持ったりするものです。

そして、気持ちいいだけではなく、今まで知らなかった「感情」を経験することは、人間を豊かにすることだと、言われています。「人間にはこんな気持ちもあるんだ」とか「こういう時、こんな感情になるんだ」とか経験することは、たしかに、人間と人生と世界の見方を豊かにすることです。その体験は、僕達を豊かにし、僕達の表現を豊かにします。

だから、僕達は、小学校以来、本を読むことを勧められてきました。本に書かれた知らない物語を経験し、今まで持ったことのない感情を経験する。

そして、それを読書感想文という形で表現する。文に書かないまでも、他人にその感動を伝える、という形で表現する。自分自身の感情表現が豊かになっていく。

つまりは、「感情」→「表現」という流れです。

が、じつは、逆の場合、「表現」→「感情」という流れもあるのです。

あなたは、今、生まれて初めて、声になるかならないかのギリギリの小さい音を出しました。生まれて初めての「表現」をしたことで、生まれて初めての「感情」を経験したはずです。

相手がいたら、相手の耳元で、ギリギリのウィスパーをしたことで、どんな気持ちになりましたか？　どんなイメージを持ちましたか？　そのギリギリの小さな声は、どんな感情にふさわしいですか？

人は、「出したことのない声を出すこと」＝「表現」によって、「経験したことのない感情やイメージ」＝「感情」を持つことができるのです。

もちろん、「なんでもないじゃん。ただ、小さい声を出しただけじゃん」と思ったら、なんの感情も湧《わ》きません。それは、優れた物語（例えば『泣いた赤鬼』）を読んで、「なんでもないじゃん。青鬼は偽善鬼《ぎぜんおに》だよ」と結論することと同じです。

慎重に、集中して、声を楽しめば、あなたは経験したことのない、新しい感情を（最初は微《かす》かにでも）味わうことができるのです。

そのことによって、あなたの感情のバリエーションは増え、表情が豊かになり、魅力的になる（可能性が増す）のです（このまとめは、まだ唐突に感じるかもしれませんが、詳しくはレッスン5の最後に）。

もう少し説明すると、日本人は、「気持ち」を語ることが好きなんだと思います。

地震が起こった時に、ビルなどで流れるアナウンスは、日本では、「ただいま地震がありました。落ち着いて避難しましょう」です。

欧米だと「ただいま地震がありました。火を消して下さい。二度と火を使わないで下さい。ガスの元栓を締めて下さい。急いで避難して下さい」です。

違いは、日本は「落ち着いて」という気持ちを語り、欧米式だと「火を消す」というような具体的な行動を語るということです。

第二次世界大戦中の、日本軍のバンザイ突撃も一九七二年の連合赤軍の粛清《しゅくせい》殺人も、すべて「気持ち」を一番にした結果だと言ったら言い過ぎでしょうか。

「感情」という「気持ち」ではなく、「表現」という「技術」を先に語ってもいいんじゃないかと、僕は思っているのです。

そして実際、「技術」に注目することで、「気持ち」は変わるのです。

自分の声の大きさを知っていますか？

では、声の大きさに戻りましょう。

声の要素の一番目は、「大きさ」です。

ここで、質問です。あなたはふだん、どれぐらいの大きさの声で話していますか？

声の大きさは何種類ですか？

あなたの周りに、「ただ声がでかいというだけで、飲み会で敬遠されているオヤジ」はいませんか？

「ああっ！」と思い当たる人がいたら、あなたは声の大きさに敏感な人です。ふだんから、声の大きさに気をつけているはずです。声が大きいというだけで、周りから嫌われている人は、決して、自分の声の大きさが問題だとは気づきません。話す内容が問題だから、周りはいつも聞いてくれないんだと思っているのです。

一般人の声の大きさは、平均で三種類。「ひとりごと」の大きさ、「あなたと話す」大きさ、「みんなで話す」大きさ、です。もちろん、「ひとりごと」からだんだんと大きくなりますが、中には、「ひとりごと」と「みんなで話す声」の大きさが同じ人もいます。「さあ、今日の昼飯は何にするかなあ？」と元気に叫んで、そのまま、「山田君、何食べる？うどん？　うどんは昨日食ったからなあ。みんなは何食うんだ？」と、ひとりごととみんなと話す音量が同じ人の場合です。

さて、あなたは何種類ですか？

声の高さと感情

では、高さです。

あなたが出せる一番高い声で、「声で遊ぶってどういうことなんだろう？　楽しいのかなあ？　難しいと嫌だなあ」と言ってみて下さい。これは、恥ずかしければ、大きな声でなくてもいいです（本当は大きな声の方が楽しいのですが）。

どんな感じですか？

次に、一番低い声で言ってみて下さい。

一般人（というか表現の素人《しろうと》さん）は、この一番高い音と一番低い音を使うことはまずありません。この音を使わないまま、人生を終えます。

ふだんは、平均して三種類の高さしか使いません。

ひとつは、家にある固定電話に出る時の「はい、山田です」という、外向きの高い声。

次に「なに、お父さん、どうしたの？」という普通の会話の時の高さ。外向きの上品な声より、一段低くなります。そのまま、「えっ？　残業？　嘘、あの女の所なんでしょ……知ってるのよ」という、本音の声。一番低い声です。この三つ。

ちなみに、人間は、自分の本音を語ろうとすると、声がどんどん低くなる傾向があります。

逆に言えば、本心と離れたことを話していると、声がどんどん高くなるのです。お互いがお互いを嫌っている団地の主婦同士の会話なんてのを聞いていると、お互いの声がだんだん高くなっていきます。

ちなみに、とても大切な面接などの時、あがってしまうと、心ここにあらずで高い声になってしまいます。その時は、「落ち着こう」と思うのではなく、具体的に声を低くしてみて下さい。

ここにも、「表現」→「感情」という逆の流れが生きていて、ただ声を低くするだけで、結果、ずいぶんと心が落ち着くことができるのです。だまされたと思って、ぜひ、どうぞ。鴻上は、こういうことではだましませんから。

では質問。あなたは、ふだん、自分の声の高さを意識していますか？　あなたは、ふだん、何種類の声の高さを使っていますか？

この言葉は声の高さを変えて言おう、と思って実行したことはありますか？

速さを変えてみる

では、速さです。

「声で遊ぶってどういうことなんだろう？　楽しいのかなあ？　難しいと嫌だなあ」という文章を、素早く三回（上級者向けには五回）息継《いきつ》ぎなしで（つまり、文節で息を吸うために切らないで）、言ってみて下さい。ただし、言葉が溶《と》けないように。溶けるとは、深夜、街をウロウロ、コンビニの前でうだうだしているような若者（ものすごい表現ですが）に特徴的なのですが、子音《しいん》が溶けて母音《ぼいん》だけになる場合で「こえであおうっておういうことなんだろう？　たのしいのあなあ？　むうかしいといあだなあ」なんて場合です。やってみると分かりますが、子音を溶かすと、速くしゃべれます。でも、それでは、意味がありません。

では今度は、なるべくゆっくり、しかし息継ぎしないで一息で言ってみて下さい。

「こーえーでーあーそーぶーってーどーいーうーこーとーなーんだーろー？　たーのーしーいーのーかーなー？　むーずーかーしーとーいーやーだーなー」

……という感じです。

一息です。途中で息継ぎなんかしたら、どこまでも引っ張れますから、明日の朝までかかります。

そんなにゆっくり話したことも、そんなに速く話したことも、今までの人生で一回もないはずです。

で、あなたに質問。あなたはふだん、何種類の速さを使ってますか？

普通の人は、これは、一種類です。早口な人は、どこでも早口です。ゆっくりな人は、どこでもゆっくりです。

速度を変えることが効果的なのは、どんな話題の時でしょう？　どんな状況の時でしょう？　どんな相手の時でしょう？

間を楽しんでみて下さい

次に、間《ま》です。

速さと間を合わせて、テンポとかリズムとかと言います。

どうして、速さと間を分けたかというと、ほぼ全員が、速さと間の関係が同じだからです。つまり、早口の人は、間が短く、ゆっくりしゃべる人は、間が長いのですが、逆はないのか？　ということを言いたいからです。

早口なんだけど、間は長いという場合です。

お母さんが子供を叱る時は、言葉は速く、間は短いです。けれど、早口なのに、間が長かったらどうでしょう？

「ヨシオ、どうしてそんなことしたの！（長い間）だめでしょ！（長い間）またやったら二度と許さないって言ったでしょう！（長い間）ヨシオ！」

……と怒られたヨシオ君は、かなり居心地悪い思いをするはずです。たぶん、ふだんの怒られ方より、効《き》くはずです。

逆に、言葉は遅いのに、間は短い、という場合もあります。

「ヨシオー、どーしてそういうことしーたーかなー（一瞬の間）だめーだろー（一瞬の間）まーたーやったらー二度とー許さないーってー言っただろー（一瞬の間）ヨーシーオー」という場合です。

これまた、不思議な雰囲気になります。そんな言い方に一番ふさわしいのはどういう場合でしょう？

では、「声で遊ぶってどういうことなんだろう？　楽しいのかなあ？　難しいと嫌だなあ」という文章を、ふだん、まったく切らない場所で間をあけて、読んでみましょう。

例えば、「声で遊ぶってどういうことなん（それなりの間）だろう？　楽しいのかなあ？　難しいと嫌だなあ」とか、「声で遊ぶってどういうことなんだろう？　楽しいのかなあ？　難しいと嫌だ（それなりの間）なあ」とかです。特に意味はなくていいです。ただ、いろんな間を楽しみましょう。

何種類の声色を知っていますか

そして、声色・音質です。

いろんな声色をためしてみましょう。まずは、「鼻声」で。あなたが風邪を引いた鼻声で、「声で遊ぶってどういうことなんだろう？　楽しいのかなあ？　難しいと嫌だなあ」

を。

では、黒柳徹子《くろやなぎてつこ》さん風の鼻声で。次に、永六輔《えいろくすけ》さん風の鼻声。鼻声にもいろいろあるのです。次は「かすれ声」。お相撲さんが、取組の後、インタビューを受けている「かすれ声」。シブいジャズ歌手のような「かすれ声」。一晩、カラオケを歌い続けた結果のような「かすれ声」。僕は授業で順番に、どんな声、と聞いていきます。「ドラえもんの声」「アニメ『ルパン三世』に出てくる峰不二子《みねふじこ》の声」「バスガイドの声」など、次々に出るたびに、みんなで真似《まね》します。似ていなくていいんです。「表現」→「感情」で言ったように、生まれて初めて峰不二子の（ような）声を出すことで、どんな感情が生まれるのか、どんな感覚がするのか、それが大切なのです。声色なんて、何十万、何百万種類（いえ、無限に）あります。けれど、普通の人はふだん、一種類しか使っていません。無意識に選んだ、自分の標準的な声色だけです。

例外的に、人は恋をすると、もう一種類、「甘えん坊さんの声」を持ちます。「淋しかったでちゅー」とか「待ってるでしー」とかです（えっ？　恋をしてもそんな声色、使わない？　……それは不幸ですよ）。ただ、この声色は、あなたも知っているように、恋が終わると終わります。残念です！

で、あなたは何種類の声色を使っていますか？

「癖」から「表現」へ

以上が、声の要素として大切な五つです。

じつは、この五つの声の要素がバラエティー豊かな人は、表情も豊かで感情も豊かなのです。

顔は能面みたいで感情が平板なのに、声だけはバラエティー豊か、なんて人はいません。

「あの人、冷酷で冷たいんだけど、声だけは七色の表情があるんだよね」なんて人はいないのです（いたら、ドラマとしては面白いですね。顔が無表情なのに、声にはものすごく表情のある人。……声優さんの世界にはいるんでしょうか？）。

逆に言えば、私たちは疲れてくると、声が単調になり、顔の表情がなくなり、感情が平板になっていくのです。

声や顔、表情のバラエティーが豊かになると、どうして、魅力的になるんだ？　と疑問に思っている人もいるかもしれません。

ちょっと回り道の説明をさせて下さい。

僕は絵心《えごころ》がないのですが、絵がうまい人と、例えば草原に行って、「ここに何種類の色

がありますか？」と聞かれたとしたら、

「ええと、五種類ぐらいじゃないですか？　緑と青と黄色と黄緑と……」

と答えると思います。

けれど、絵心のある人は、

「とんでもない。三〇種類以上、色はありますよ。白に紫にピンクに……」

と説明してくれるはずです（実際、僕はこれに近い体験があります）。

僕達は、絵を描く時、「草は緑だから」とオートマチックに決めてしまいがちです。けれど、絵がうまい人は、「草は緑にも黄色にも、白にだって描ける」と思っているはずです。

つまり、「無意識に選んだひとつ」は表現ではないのです。

よく、どんなドラマに出ても、どんな役でも、セリフの言い方が変わらない俳優さんがいます。本人はそれを「表現」だと思っているかもしれませんが、それは、「表現」ではなくて「癖《くせ》」と言います。「癖」は、「無意識に選んだひとつ」です。

「どうしてそういう言い方をするのか？」とか「この内容だとどういう言い方がいいのか？」という意識的な選択をすることなく、これしかないだろう！　と、「無意識に選んだひとつ」の言い方をするのは、ただの「癖」です。

ちょっと胸の前で、両手の指を合わせて、組んでみて下さい。両手を合わせて祈る時のような形ですね。（絵22ａ）

では、どちらの親指が、胸に近いですか？　右手の親指？　左手の親指？

では、逆の親指が胸に近くなるように、組み直して下さい。（絵22ｂ）

どうです？　なんだか、ムズムズしませんか？　指を合わせても、なんだか、しっくりこないでしょう。最初に合わせた組み方が、あなたの「癖」です。それは、「無意識に選んだひとつ」です。

あなたが、俳優さんで、「左手の薬指にはめられた指輪」をアップで撮られる演技をする時は、どちらの組み方をするのか、計算しなければいけません。それは、「癖」ではな

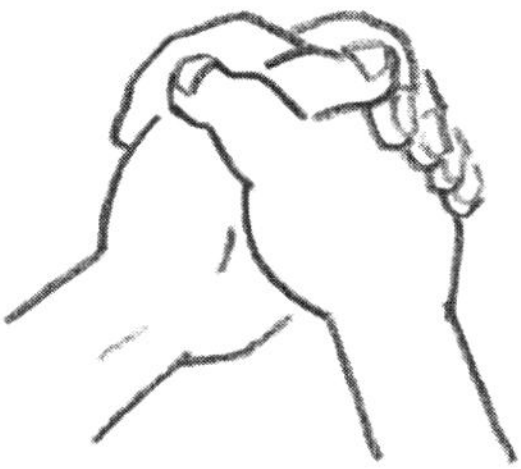

絵22 a

絵22 b

く、「表現」となります。

ただの「癖」がそのまま「表現」として通じれば、その人は演技の天才となります。自分のやりたいようにやって、それが表現になる人ですから。

そういう人は、もうこれ以上、この本を読む必要はありません。

平凡な僕達は、自分の「癖」を自覚し、「表現」を意識することで、表現力のアップを目指すしかないのです。

そのためには、こんな表現もできる、あんな表現もできる、と表現のストックを増やしていくしかないのです。それが、声の五つの要素なのです。

絵のうまい人が、「この草原には三〇種類以上の色がある」と感じることができるのは、色の要素をたくさん意識し、増やしてきたからです。

そして、増やすことで、一番、最適だと思える表現を選ぶことができるのです。それは、「意識的に選んだひとつ」となるのです。

街の風景を描く時も、絵心のない僕は、「屋根の色はネズミ色か赤茶」と無意識に決めます。けれど、絵のうまい人は、

「街の屋根を紫にしてみたらどうだろう？　いや、真っ赤は？　真っ黒は？」

と、可能性を考えます。

えっ？　実際に紫の屋根なんてない？　でも、そうすることで、街の本質が見えてくるかもしれないでしょう。街の新しい何かを発見するかもしれないでしょう。それは、新しい言い方をしてみることで、新鮮な感情やイメージと出会うことと同じなのです。

もちろん、絶対に発見するという保証はありません。けれど、たくさんの色を知っていることで、発見する可能性を手に入れるのです。「無意識に選んだ色＝癖」しか知らなければ、そもそも、発見する可能性がないのです。

なので、五つの要素をいろいろ遊ぶ時も、「こんな声色使う人はいないよ」とか「こんなに声が小さいのは変だよね」なんて反省したり批評しながらやらないで下さい。

それは、例えばピカソの絵を前にして、

「こんな顔した人間はいない」

と真面目に突っ込んでいる人と同じです。

そう描くことで（例えば『泣く女』）、今まで意識しなかった感情やイメージと出会うことが可能なのです。泣くという行為の本質を見せてくれるかもしれません。

ふとした言い方が、あなたの感情を刺激することも、逆に（というかこっちが一般的ですが）あなたがある感情を経験した時、この本を読んでためしにやってみた声色が、その感情にまさにぴったりで、あなたはその言い方を選ぶ場合もあるのです。

レッスン6　声で遊ぶ

【ムチャクチャ語レッスン1・砂浜1】

それでは、声の五つの要素を意識しながら声で遊んでみましょう。

これは、一人でもやろうと思えばできますが、二人でやる方がより楽しくできます。

まず背中を合わせて座ります。（絵23）そこは砂浜だとイメージして下さい（できなければ無理しないように）。

相手が異性なら、恋人の設定にして下さい。ムチャクチャ語で、相手を口説《くど》きます。口説くなんて、そんな恥ずかしいことはできない、という場合は、「これから何を食べるか?」を話し合って下さい。

相手が同性の場合も、「これから何食べる?」の設

絵23

定がいいでしょう。話しやすく、かつ盛り上がりやすいテーマを話すのが、この場合、最適なので、同性の場合、「お金を貸してくれない？」でもいいです。二人で相談してみて下さい。

ムチャクチャ語ですから、ムチャクチャでかまいません。ムチャクチャ語をここに書くのもバカバカしいですが、とにかく、ムチャクチャに「はじゃけられでるのけ、ぐりでごどばびぞ」とかなんとか、あなたの好きなムチャクチャ語で、相手に話しかけて下さい。ただし、ちゃんと話す内容は、意識して下さい。「ちょっとお酒飲みに行きませんか？」とちゃんと思って、「ぐだげれどぼりばれ」とムチャクチャ語で話しかけて下さい。

話しかけられた方は、なんだかよく分からなくても、またムチャクチャ語で返して下さい。相手のムチャクチャ語を真似する必要はありません。あなたのムチャクチャ語でかまいません。

やってみると分かりますが、最初は、何がなんだか分からないまま聞き、話していたのに、だんだんと、「あっ、誘《さそ》ってるな」とか「あ、喜んでる」と感じるようになります。

繰り返しますが、ムチャクチャ語ですから、ムチャクチャでいいです。言葉をムチャクチャに言いながら、大きさをはじめとする声の五つの要素を楽しんで下さい。

【ムチャクチャ語レッスン2・砂浜2】

では、しばらくムチャクチャ語で話したら、突然、日本語に戻して下さい。二人のうち、どちらかが手を叩いてもいいし、一分ごとと決めてもいいです。

「ぐだげればれどがごんごん。ずみべれがれなり（手をポンと叩いて合図）、脂っこいものは嫌だから、和食にしない？　お寿司でもいいんだけどさ」と一瞬で変わるということです。

で、相手はこの瞬間、やっと、相手が何をしゃべっていたのかをはっきりと理解することになるでしょう（笑）。驚きながら、けれど戸惑《とまど》いすぎず、楽しみながら話を続けて下さい。

だって、日本語でも、相手と話していて「ああ、そういうことを言いたかったんだ」と、突然、理解する瞬間があるでしょう？　さんざん、今までしゃべってきたのに、「なんだ、そういうことか」と分かる瞬間です。で、ムチャクチャ語から日本語に変わるのも、たぶん、そういうことです（笑）。

日本語でしばらく話したら、また、どちらかが合図して、ムチャクチャ語に二人とも、同時に戻って下さい。

「私は焼き肉がいいの。ねえ、カルビとロースだったら（ポンと合図）、くしゃけしゃさたまれべ、どんけろぐらせまてたし？」

となります。

時々、ムチャクチャ語の中に、日本語の単語をまぜて笑いを取ろうとする人がいますが、そんなことはしなくていいです。

このレッスンは、言葉を遊びながら、「言葉ってなんだろう？」ということを考えるレッスンでもあります。

あなたが幸運なら、相手がムチャクチャ語なのに、相手の言いたいことがはっきり分かる瞬間があります（それは、たいていの場合、相手のイメージや感情が鮮烈で、それがムチャクチャ語にちゃんと込められている時です）。そういう瞬間を経験すると、「言葉とは、意味と同時に感情やイメージを伝えるものなんだ」と強烈に意識するのです。

そして、「意味を伝えるだけで充分だと思ってなかっただろうか」とふと思うのです。

意味をはぎ取ったムチャクチャ語をしゃべることで、まず、自分の伝えたい感情やイメージを意識します。つまり、感情やイメージと向き合うこととなります。そして、意味まで考えることになるのです。

といいながら、それは、レッスンをやった後に感じたり、考えたりすることです。やっている最中は、相手が異性なら、ムチャクチャ語で本気で口説きましょう。同性なら、ものすごく美味《おい》しいものを食べようと提案するか、切羽《せっぱ》詰まって借金を申し込んで下さい。

レッスンをしている最中は、とにかく楽しむこと。やりながら批評したり反省したりするのは、絶対にダメです。それではすべてを台無しにします。

さて、何回か、ムチャクチャ語と日本語の交代を経験したらレッスン終了です。

【ムチャクチャ語レッスン3・旅人】

二人でやります。

一人は、ムチャクチャ国から来て、ムチャクチャ語を話す旅人です。もう一人は現地人です。現地人も、違う種類のムチャクチャ語を話します（笑）。ですから、正確に言えば、ムチャクチャ国Aから来た旅人Aが、ムチャクチャ国Bを訪ねて、そこの住民Bに話しかけるというレッスンです。

Aは、質問の内容を具体的に決めて下さい。英会話のガイドにあるような「郵便局はどこですか？」なんていう簡単な質問ではなく、「この街で一番美味しいレストランで一番安い料理はなんですか？」とか「公園でボートに乗りたいんだけど、一回、いくらですか？」とかの具体的な質問です。

もちろん、ジェスチャー（身振り・手振り）禁止です。おもわず出そうになりますが、ダメです。

Aはムチャクチャ語で懸命に聞いて下さい。Bは、「街で話しかけられた」という設定にしますから、自分が今、何をしようとしているのかをまず、決めて下さい。難しいことではありません。ただ、「仕事が終わって家に帰ろうとしている」とか「バイトに行く途中」とか「友達に会いに行くところ」とかでいいです。Bは、信号待ちをしていて、Aが話しかけるというのが、一番簡単なスタートです。

Bが、どう答えるかは、相手の態度次第です。Aがあんまり偉そうなら、教える気にならないでしょう（笑）。相手の熱心さで反応を決めて下さい。その上で、ムチャクチャ語で説明します（ただし、かなり親切な住民でいて下さい。ムチャクチャ国Bのイメージアップのためです）。

Aの言ってることが分かったと思ったら、Bは、そこに連れて行ってあげて下さい（もちろん、実際には行けませんが、行ったつもりになって、例えばレストランを紹介して、メニューを見せて、一番安い料理を紹介してあげて下さい）。Aは、それがまさに自分の希望と合っていたら感謝し、違っていたら、それはなんでしょう？　とムチャクチャ語で聞いて下さい。まだまだ、レッスンは終わりではないのです。

しばらくやったら（三分とか五分）、そこで終了して、Aが何を求めていて、Bがどう理解したかを、お互い、確認して下さい。合ってないからといって反省することはありません。それが目的ではないのです。言葉を楽しむことが目的なのですから。

【ムチャクチャ語レッスン4・詩人】

二人でやります。

一人は、ムチャクチャ国から来た詩人です。もう一人は、日本語の通訳です。

二人、並んで立ちます。目の前には、四、五十人の聴衆が座って聞いているというイメージです。（絵24）

Aがムチャクチャ語で、まず詩を語ります。

「ぽけてけずんこくだー」

と、Bがすぐに日本語に通訳します。

「もう希望はないのだ」

Aが続けて言います。

「ぐじゃわっしゃだでごばべ」

Bがすぐに通訳します。

「空は泣き、私は震える」

……という流れを続けます。もちろん、通訳は

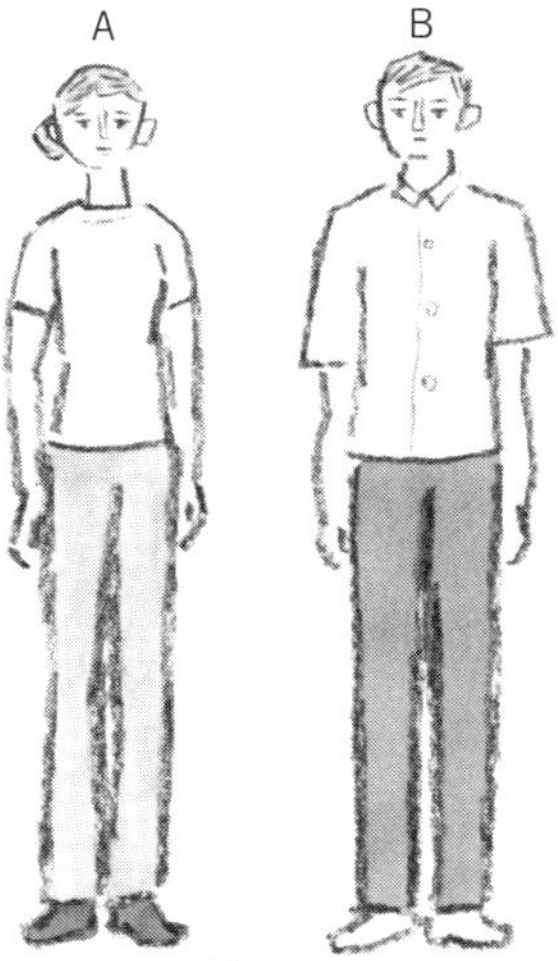

絵24

デタラメです。デタラメですが、Aは、Bの通訳で、次のフレーズの言い方を変えたりするでしょう。それでまたBの通訳が変わるかもしれません。

即興で楽しんでみましょう。無理に、オチをつける必要はありません。

しばらく楽しんだら、交代です。

ここでも、ギャグの定番で、なが〜くムチャクチャ語を話したのに、通訳が一言ですませるなんてことをする人がいます。

レッスンの目的は笑いではありません。それも、パターンの笑いではありません。

もちろん、このムチャクチャ語レッスンを集団でやると、笑いがあちこちから生まれます。けれど、それは、笑いが目的で生まれたのではなく、「言葉に対して今までやってなかったアプローチ」をしている結果なのです。

生まれて初めて経験することは、楽しいのです。その楽しさをうんと味わって下さい。

その結果、笑いが溢《あふ》れるのはとても素敵だと思います。

ムチャクチャ語は難しい

この三つのレッスンを続けてやってみると分かりますが、自分のムチャクチャ語のパターンがそんなにないことに驚きます。

つまり、中国語風なムチャクチャ語を話している人はいつのまにか、また、中国語風なムチャクチャ語になります。濁音《だくおん》が好きな人は、気がつくと濁音のムチャクチャ語になります。

じつはムチャクチャにするのはとても難しいのです。

「ムチャクチャに動いて下さい」と言うと、たいていの人は、手足を振り乱して、頭も振って動きます。けれど、手足や頭に豆電球をつけて、暗闇の中で動いてもらうと、じつは、手も足も頭も胴体も、ある一定の範囲でしか動いていないことが分かります。

本人はムチャクチャに動いているつもりでも、じつは、決められた範囲の中でしか動いてないのです。ちゃんとした規則性があるということなのです。

ですから、ムチャクチャ語も同じで、気がつくとあるパターンに納《おさ》まってしまいがちです。

そういう時は、どうか、相手のムチャクチャ語を聞いて、自分のムチャクチャ語のボキャブラリーを増やして下さい。そうやって「表現」を獲得《かくとく》することで、また新たな「感情」や「イメージ」と出会うことができるのです。

レッスン7　五感を刺激する

【目隠しウォークレッスン】

「体」と「声」に続いて、「五感」の教養を高めましょう。

二人でするレッスンです。

やることはとても簡単です。Aが目隠しをして歩き、Bが見守る、それだけです。

タオルやハンカチ、アイマスクなどで実際に目隠しして下さい。（絵25）

問題は目隠しをして歩く場所です。

僕はこれを早稲田の文学部のキャンパスでやっていました。文学部の構内はかなり広く、迷い甲斐《がい》（?）もあって最適でした。中には、正門から出て行って、一般道を進む〝冒険者〟たちもいました。交通量の多い早稲田通りを目隠しして歩いたのです。ですが、六年やって、なんの事故もありませんでしたから、基本的には大丈夫です。

キャンパス以外でやる場合は、公園から始めて、（交通量の少ない）一般道へ出て行くというのが、一番、順当かもしれません。もちろん、学校とか原っぱとか田園とか、危険がない場所の方がいいですが、場所にあまり変化がないと面白みがありません。

絵25

では、ルールです。

まず、Aが目隠しをします。

BはAの側にいて、見てて下さい。

Aは、目隠しをしたら、まず、好きに歩きます。もちろん、怖《こわ》くて一歩も歩けない人は、慣れるまで動かなくてもいいです。たいていの人は、おそるおそる動き始めます。摺《す》り足での動きです。

Bは、その側について一緒に移動します。

基本的にAとBは会話しません。Aは、黙って、ただ目隠しをして歩くのです。時間は一五分間。

会話はしませんが、Bは、Aが危険な時にだけ、それを知らせます。つまり、Bはガード役なのです。

Aが歩いていて、ブロック塀《べい》や建物の壁にぶつかりそうになったら、その手前で、

「ストップ」

と声をかけます。

Aは、その声で止まります。

Bは、正面に壁がある場合は、

「右か左に行けます」
と、進める方向を伝えて下さい。
決して、「前に壁があります」とは言わないで下さい（そう言うと、目隠しをしている
Aが、「この場所はあそこだな」と想像してしまうかもしれません。正確な場所が分かっ
てしまうと目隠しの意味が半減してしまうのです）。
行き止まりに入り込んだら、
「ストップ」
と声をかけて、
「後ろに戻るだけです」とか「後ろにしか行けません」と伝えて下さい。
ただし、階段だけは、「ストップ」と止めて、「階段があります」と声をかけて下さい
（階段は知らせないと危険なのです）。怖くて降りられそうにない場合は、「右に（左に）
手すりがあります」と伝えてあげて下さい。
もちろん、「段差があります」という場合もそうです。とにかく、危険を避けるために、
Bは必ず声をかけて下さい。
それ以外は、話してはダメです。まれに、目隠しをして不安になったAが、Bに話しか
け続ける、という場合もあります。ぐっとがまんして、AもBも黙っていて下さい。

一五分間、そうやってAが歩きたい方向に歩いてBが危険を避けるようにガードしたら、次の一五分間は、BがAを導きます。

つまり、Aに対して、

「このまま、まっすぐ歩いて」

とか、

「ストップ。右に九〇度、回って下さい。では、そのまま、進んで下さい」

とか、

「ストップ。階段があります。では、上がります」

と、Aをいろんな場所に連れていくのです。

できる限り、さまざまな場所に行けると楽しいです（もちろん、無理はしないように）。早稲田の場合だと、教室や廊下、食堂、グラウンドなどへ、BはAを導きました（なので、ただダダッ広い駐車場とか畑だと、他に何もなくて面白くないのです。変化がある場所が素敵です）。

そして、導かれている間、一度だけ、Aは全力疾走《ぜんりょくしっそう》して下さい。目隠しをしたままの全力疾走です。

このことを告げると、早稲田の学生は、

「ひえーっ！」

と、悲鳴をあげました。前が見えないまま、全力疾走して下さいというのですから、自分で言いますが、無茶な話です。

なので、全力疾走しようと思うだけでかまいません。自分なりの全力疾走です。

実際、ほとんどの人は、お尻を後ろに突き出して、ヒョコヒョコとほんの少し速く歩くだけです。

Bは、広い空間に出たら、

「じゃあ、ここで全力疾走して下さい」と告げて下さい。

そのためには、それなりのスペースが必要になります。一般道ではできないでしょう。公園とか大きめの駐車場とか原っぱとかが必要になります。

Aが走り出したら、Bは適切なタイミングで「ストップ！」と声をかけて下さい。まれに、ほんとに全力疾走する人がいます。命知らずの冒険者です。

早めに「ストップ！」の声をかけて、安全を確保して下さい。

「目隠しをして全力疾走」……まあ、やってみて下さい。書いたように、できる限りの全力疾走でかまいません。歩くだけだったり、小走りだったり、その場で足踏みになったり、人さまざまです。けれど、こんな簡単なことで、生まれて一度も経験してない感覚を味わえるのです。

全力疾走が終わったら、また、BはAを導いて旅（？）を続けて下さい。一五分たったら、目隠しを取ります（計三〇分ということです。好きに歩くのが一五分、指示されて歩くのが一五分）。

ここで、時間に余裕があったら、目隠しを取る直前、最終地点で、Bは、Aの目の前の風景を描写します。Aは、目隠しをしたまま、その言葉を聞いて、想像します。

描写は具体的に。

「右に高さ五メートルぐらいの木があります。幹の太さは、一メートルぐらい。葉が全体の三割ぐらいにあり、枝が……（中略）正面には、壁がクリーム色の二階建ての建物があって屋根の色は……（中略）」と、がんばって描写して下さい。

Aは、ただ、その言葉を聞いて想像して下さい。描写が終わり、続いて想像も終わったら、目隠しを取ります。

目隠しを取ったら、今まで歩いてきた道を、出発点まで逆に戻ります。これはとても大切なことです。

目隠しをして歩いた場所を、逆にたどりながら、確認していくのです。

出発地点に戻ったら、おしまいです。

交代して、Bが目隠し、Aがガード役で始めて下さい。

視覚を遮断するとわかってくるもの

レッスンの注意点を。

本当は、このレッスンをやってから、以下の文章を読んで欲しいのです。なので、あなたがちゃんとこのレッスンをやる予定なら、飛ばして下さい。で、やってみると分かりますが、最初は不安です。けれど、徐々に目隠しで歩く、という状態に慣れてきます。慣れてくると、「聴覚《ちょうかく》」「嗅覚《きゅうかく》」「触覚《しょっかく》」が敏感になってくるのを感じます。

つまり、歩きながら、周りの音がはっきりと聞こえるようになってきたり、風が皮膚《ひふ》をなでる感触に敏感になったり、今までまったく意識してなかった匂いにはっとしたりするのです。

そして、いかに我々がふだん、「視覚」に頼っていて、他の感覚を意識していないか、ということが分かるのです。

足の裏の感覚に驚く、なんてことも起こります。アスファルト、土、砂利《じゃり》の違いを、靴を履《は》いていてもはっきりと感じて、今まで、そんなことを意識したことがなかったと気づくのです。

もちろん、何も感じない人もいます。

毎年、僕はこのレッスンをした後、学生にレポートを出してもらうのですが、八割ぐらいの生徒は、視覚を遮断《しゃだん》したことで敏感になった他の感覚に驚く、という感想です。

が、中には、「怖くて怖くて、冷静でいられなかったです」とか「ずっと頭の中でマッピング（位置の確認）し続けました。目隠しを取った時、予想通りの場所だったので、勝ったと思いました」という、「お前それは何に勝ったんだ？」と突っ込みたくなるようなレポートとか、「ずっと怖くて、両手をずっと前に出して、前方を確認しながら歩きました」という、それはまるでゾンビかキョンシー（知ってます？）みたいじゃないか、というようなレポートもありました。

もちろん、どのレポートもオッケーです。自分に何かを与えてくれたり、刺激してくれたと思ったら、それはそれで充分やった意味があるのです。

「目が不自由な人はこんな世界を生きているんですね。『表現のレッスン』で、目の見えない人の世界を体験させるのは、演劇の名作『奇跡の人』があるからなんですね」という、見事に勘違《かんちが》いしたレポートもありました（もちろん、目の不自由な人の感覚を体験するためにも、目隠しウォークは有効で、実際に利用している人も大勢います）。

ですが、このレッスンは、「表現力」という視点では、あなたの「視覚」以外を実感するためのレッスンです。計三〇分という長い時間なのも、視覚を遮断された状態を受け入れるためです。

目隠しをした瞬間、動けなくなって立ち尽くす人や、おもわず座り込んでしまう人がいますが、それは、自然な反応です。暗闇の中、危険を自然に感じて、そういう行動を取るのです。

が、まれに、目隠しをしても、ずんずんと平気で歩いていって、パートナーのBをあわてさせる人がいます。

僕が出会ったのは、男の人でいかにもオタク系という感じでした（いや、こういう描写は申し訳ないんですが）。

目隠しをしたのに、いきなり、ふだんと同じ速度で歩き始めるというのは、じつは、一番不自然なことです。初めての暗闇をぐんぐん進んでいく人間というのは、本能が壊《こわ》れている、と言ってもいいのです。

このレッスンは、自分がふだんどれぐらい「視覚」以外を使っていないかを教えてくれます。

いきなりずんずんと進んでいく人は、ふだん、ほぼ『視覚』だけで生きているんじゃないかと思います。だから、いきなり、『視覚』がゼロになって、どうしていいか分からないから、ずんずんと歩き出すのじゃないかと思うのです（実際には、こういう人は、僕の六年間のレッスンの中でも、二人でした。約四〇〇人中の二人です）。

ほとんどの人は、真っ暗になった瞬間、耳や肌、鼻の感覚に頼ろうとします。その時、ふだんから目以外をよく使っている人は、目隠しした状態に慣れるのが早いのです。

面白いレポートがありました。

「僕は、比較的楽に暗闇に慣れました。音や匂い、風を頼りに、楽に動けることができました。この感覚はなんだろうと思って自分なりに考えたんですが、僕は中学、高校と自転車通学でした。そして、今も、たいていの場所には自転車で行きます。自転車は、全身で危険を避けようとします。視覚だけではなく、音を手がかりにするし、トラックが横を走れば、匂いや風が全身を包みます。そういう生活をしているから、視覚が遮断されても、比較的早く順応したんじゃないかと思いました」

このレポートを読んで、「なるほど」と感心しました。もちろん、成績はAをあげました。

この生徒は、つまりは、「身体感覚」が優れているのです。

身体感覚とは

例えば、目隠しをしたまま、大きな木の下を通る時や、屋外から建物に入る一瞬、体全体が、「きゅっ」と圧迫されたように感じることがあります。

それは、あなたの「身体感覚」が、あなたの上方にある木の枝や室内を感じたのです。「第六感」という言い方があります。世間的には、「虫の知らせ」というか霊的な能力、まさに映画『シックス・センス』だと思われています。

けれど、僕の分類だと、それは、「第七感」で、「第六感」は、「身体感覚」と呼ばれる、身体全体で感じる能力のことです。

運転が上手な人は、大きな道から小さな道に入った瞬間、運転している体がさっと小さくなります。

そして、また、大きな道に出ると、体がふわっと大きくなります。肩幅が広がり、手の幅が広がり、背中が広がるのです。運転が上手な人は、無意識のうちに、この変化をおこなっています。

運転が下手な人は、体の大きさは、どんな道に入っても変わりません。

体で感じる能力が欠けているのです。

体全体で感じる能力、体全体で対処する能力、それが「身体感覚」です。

道で大道芸（ストリート・パフォーマンス）がおこなわれている時、若者は比較的早く気づきます。友達と話しながら歩いてきて、突然、大道芸の前に出た時など、はっとして周りを見て、パフォーマーの存在に気づきます。

これが年配の人になると、堂々とパフォーマーの前を横切っても、まったく気づかないままという人が出てきます。それも、体で感じる能力です。

劇作家の別役実《べつやくみのる》氏が、「新宿より渋谷の方が、人込みでぶつかる」という面白い話を書いていました。

新宿は、大人の街というか比較的年齢が高い人達が集まりますが、渋谷は若者の街です。若者の雑踏《ざっとう》の方が、ぶつかるのです。

普通、人込みを歩く時、いちいち、「あっ、向こうから人が来たから右に避《さ》けよう。いや、避けすぎるとまたこっちの人とぶつかるから修正しよう」と考えたりはしません。歩きながら、無意識に動くのです。

これがまさに、「身体感覚」です。

若者が多い渋谷でぶつかるということは、若者の「身体感覚」があやしくなってきたということでしょう。

「視覚」中心の生活を送っていると、「身体感覚」が鈍くなるんだと思います。

「身体感覚」が鈍くなってくると、タンスの角に足の指をよくぶつけるようになります（笑）。それは、年齢を重ねてくるとよけいに分かることだと思います。何かをさっとつかもうとして位置関係が微妙にズレた所に手を出してしまうとか、家具に体をよくぶつけるとか、です。

やがて、そうなるとしても、そうなる時期をなるべく遅くしたいものです。

自転車は、まさに「身体感覚」を発展させるものなのでしょう。

「視覚」以外の感覚をふだんから、意識して下さい。耳、鼻、肌の感覚です。そして、「身体感覚」というものがあるんだと思って下さい。それだけでも、ずいぶん、身体の意識は変わるのです。

久しぶりにハイキングに出かけて、川に並ぶ石を渡ろうとして、バランスを崩して転んだとしても、「ああ、体が鈍くなった」と思わずに、「ああ、今日は『身体感覚』をトレーニングしている」と思って下さい。実際、そうやって「身体感覚」は鍛《きた》えられるのです。

レッスン8　感情と感覚を刺激する

「五感」を刺激し、「身体感覚」を敏感な状態にするために、あなたの感情と感覚を刺激してみましょう。

まずは、準備のためのレッスンです。

【緊張レッスン】

これは、一人でするレッスンです。

まず、リラックスして横になります。

家なら、ベッドの上か絨毯《じゅうたん》の上がいいでしょう。フローリングの場合は、少し固すぎるので、タオルケットとかなにか敷《し》いた方がいいでしょう。

あなたがすでにある程度リラックスしている場合は、すぐにレッスンに入ります。

カリカリしていたり、緊張している場合は、美味しい物を食べるとか（冬ならホットミルクを飲むとか、夏ならかき氷を食べるとか）、ストレッチをするとか、好きなマンガを読んでゲラゲラ笑うとか、友達に電話してバカ話するとか、お風呂に入るとかしてリラックスして下さい。

このレッスンは、あなたが精神的にリラックスしていることが大切なのです。授業の時は、リラックスしてもらうために（授業にリラックスして来る生徒はまあ、いないでしょうから）、簡単なゲームをして、まず、なごみます。

次に床に仰向《あおむ》けに寝ます。力をだらっと抜きます。

まず、両手の指だけ力を入れます。目一杯、緊張させて、指をぐわっと広げて下さい。数秒間、緊張させたら、ふわっと力を抜きます。次は、指と手首までです。ぐっと力を入れて、また数秒後、抜きます。次は肘《ひじ》までです（もちろん、厳密には、指と手首と肘の緊張を分けることはできません。あくまでイメージです。イメージですが、それで充分です）。次は、肩までです。つまり、指と手首と肘と肩をぐっと緊張させて、ふっと力を抜きます（だんだん、増やしていくわけです）。次は、首までです。次は顔まで。次は、胸を入れます。次はお腹まで。次は背中。これで、あなたの上半身はすべて力むことになります。一ヵ所ずつ増やしていってます。厳密に覚える必要はありません。ただ、上半身を細かく分けて、力を入れたり抜いたりしているわけです。（絵26）

では、下半身も入れましょう。お尻まで。次は太股《ふともも》まで。次はふくらはぎまで。最後が足先まで。つまり、全身、すべて力んだことになります（高血圧の人はがんばりすぎない

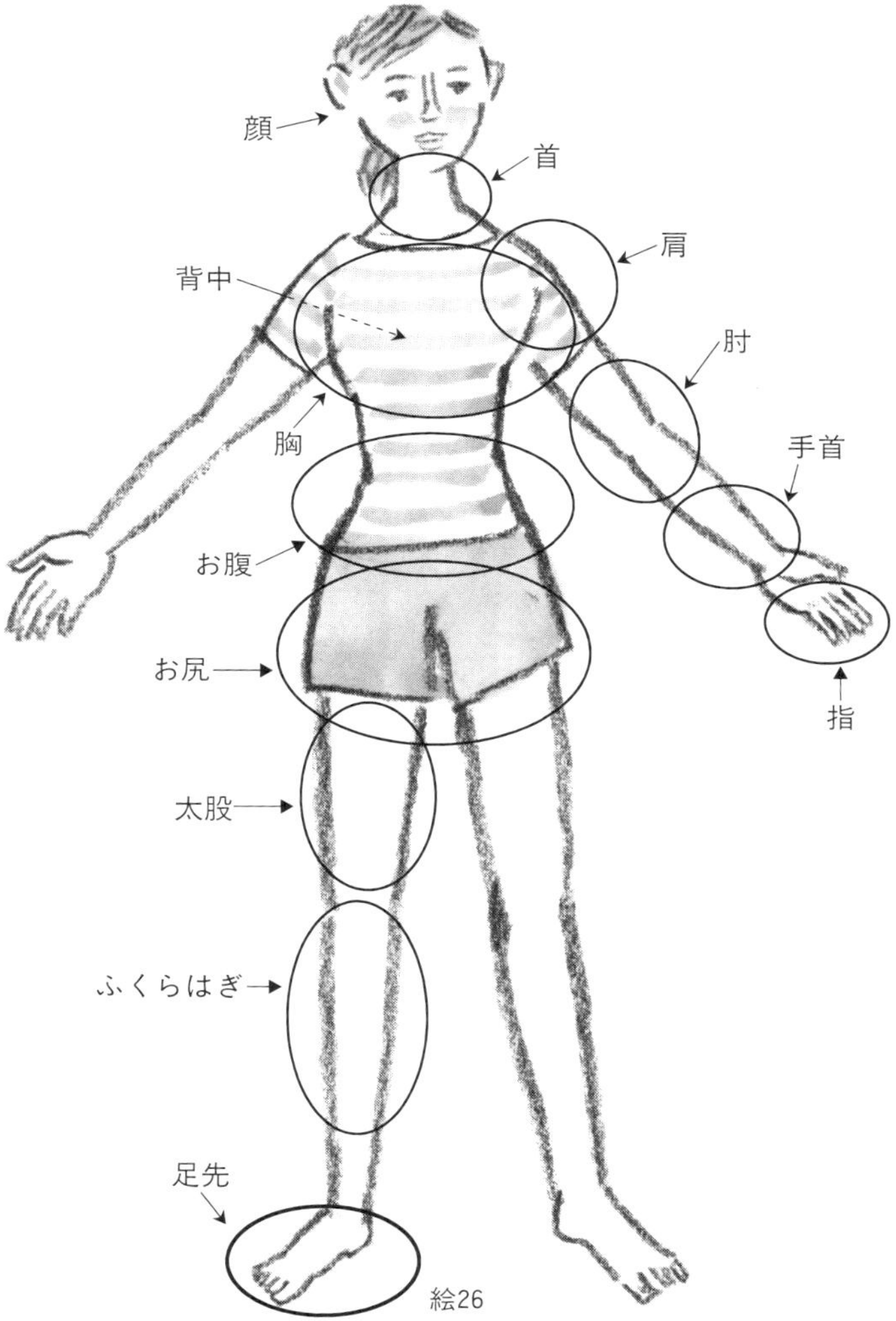
顔
首
肩
背中
肘
胸
手首
お腹
お尻
指
太股
ふくらはぎ
足先
絵26

ように)。

では、もう一度、全身にぐっと力を入れて、抜きます。

何回か、繰り返します。

どうですか？　なんだか体が楽になった感じがしませんか？

では、本題のレッスンにいきましょう。

【感覚の再体験レッスン】

あなたの感覚を刺激してみましょう。

仰向けに寝たまま、まず、「今までで一番暑かった日」を思い出してみます（まず、本を読んで、その後やって下さい。決して、座ってこの本を読みながらは、やらないように。効果が半減します）。

急がなくていいので、一番暑かった日を横になったまま、探して下さい。

なんとなく、あの日かなと思ったら、その日のことを具体的に具体的に思い出していきます。

そこは、室内でしたか？　屋外でしたか？

室内なら、壁の色は何色でしたか？　壁紙はどんな模様でしたか？　窓はどこにありましたか？

屋外なら、太陽は出ていましたか？　あなたのどちら側に出ていましたか？　周りはどんな風景でしたか？　足元はアスファルトですか、コンクリートですか、土ですか？

どんな服を着ていましたか？

誰か一緒にいましたか？　いたとしたら、その人は、どんな服装をしていましたか？　その人の肩越しには、どんな風景が見えていましたか？

風は吹いていましたか？　吹いていたとしたら、あなたの体のどこで感じましたか？　どちらからどちらの方向へ吹いていましたか？

どんな匂いがしましたか？

具体的に思い出してきましたか？

では、一番暑かった日、あなたの体は、どういう状態でしたか？　具体的に、一部分ずつ、思い出して下さい。脇《わき》の下、背中、額《ひたい》、手のひら、顔。

それぞれの部分は、どんな感覚でしたか？

例えばベトベトした感覚。背中を汗がしたたる感覚。服が体にまとわりつく感覚。汗が目に入って痛かった感覚。

その中で、特に暑さを感じたのはどこの部分ですか？

では、その感覚を和らげるために、あなたは何をしましたか？　脇の下に風を入れるために、腕を上げた？　背中のシャツをたくし上げてパタパタした？　襟《えり》を広げて、空気を入れようとした？

体の部分の感覚と、それを和らげるために何をしたかを具体的に思い出して下さい。ゆっくり時間をかけて（五分から一〇分）思い出して下さい。思い出したら、全身で、その感覚をもう一度体験してみて下さい。

うまくいけば、あなたはその感覚を、かなりリアルにもう一度体験できたはずです。


では、気分を変えて、「今までで一番寒かった日」を思い出してみましょう。

やり方は、「暑かった日」と同じです。

まず、時間と場所を具体的に思い出します。自分の着ていた服や周りの風景、一緒にいた人がいたらその人の髪形、服装、靴など。

そして、自分の体のそれぞれの部分の状態を思い出して下さい。耳、頬、手、足先、背中。

それぞれの部分の感覚を思い出して下さい。刺すような痛み、ひりひりした感覚、ずーんと冷える重さ、などです。

一番寒さを感じたのは、どこの部分ですか？

それはどんな感覚ですか？

そして、その感覚を和らげるために、あなたは何をしましたか？　手をこすり合わせた？　足踏みした？　激しく動いた？

その寒さを、もう一度、体全体で感じてみて下さい。


リラックスして始めようというのは、もう一度、感覚を体験するためです。リラックスしてないと、ただ、情報として思い出して、客観的な記憶となるだけです。リラックスして、体が解放されていると、その感覚が実際に蘇《よみがえ》ってくるのです。

といって、うまくいかないと焦る必要はありません。その記憶は、間違いなく、あなたの体に沈殿《ちんでん》しています。うまくいかないのは、慣れてないだけです。

何度もやっていれば、きっと体験することができます。


さあ、気分を変えて、次は、「あなたが今まで食べた物の中で、一番、美味しかった物」を思い出してみましょう。

あなたの舌が、その時の味覚を少しでも、具体的に思い出すのが、目標です。

手順は「暑い日」と同じです。

屋外でしたか？　室内でしたか？　それは、食器に盛られていましたか？　どんな食器ですか？　テーブルの色は？　相手がいましたか？　どんな服装でしたか？

それを食べた瞬間、あなたの舌はどんな状態になりましたか？　どんな感覚でしたか？　それを表現するために、あなたはどんな行動を取りましたか？　声をあげました？　すぐにもう一口食べました？　隣の人と話しましたか？

「暑い日」がうまくいかなくても、この「美味しい物」が成功して、鮮やかに味覚を思い出す人がたくさんいます。食いしん坊が多いんですね。一度経験した感覚は、その感覚に衝撃を受けていれば、思い出すことは可能なのです。

僕は仰向けに寝ころがって、目を閉じてもらってこのレッスンをします。

目を閉じている生徒を見ていると、「美味しい物」を具体的に思い出して舌が喜んでいる場合は、顔が微笑んでいます。

ただ知識として思い出している場合は、顔は別に変化しません。

では、気分を変えて、「今まで食べた物の中で、一番不味《まず》かった物」を思い出して下さい。

手順は、今までと同じです。

まず状況を具体的に思い出して下さい。

それを一口食べた時、あなたの舌はどんな状態でしたか？　口全体は？　体は？　あなたは、その不味さを和らげるために、どんな行動を取りましたか？　叫んだ？　吐いた？　水道に走った？　何をしましたか？

その不味さを、はっきりと思い出して下さい。

どうして、毎回、同じ手順で、具体的に思い出しながらやっていくかというと、何が感情の記憶を引き出す引き金になるか、ケースバイケースだからです。

あなたも経験があると思います。なかなか思い出せなかった人を、ちょっとしたしぐさとか、服とか、指輪とか、とても小さなことで思い出した経験が。

脳の奥底に眠っている記憶は、具体的でささいなことで呼び起こすことができるのです。


さて、次は、「今まで触った中で、一番、気持ちの良かったもの」です。

手順は同じです。

あなたは、体のどこで触りましたか？　その時の状態、触った時、あまりの気持ちよさにあなたは何をしましたか？

では、気分を変えて、

「今まで触った中で、一番、気持ちの悪かったもの」です。

通常は、これぐらいで充分です。

時間があれば、この後、

「あなたが今まで聞いた中で、一番、気持ちよかった音」

「あなたが今まで聞いた中で、一番、気持ち悪かった音」

「あなたが今まで見た風景の中で、一番、きれいだった風景」

「あなたが今まで見た風景の中で、一番、汚かった風景」

「あなたが今まで嗅いだ中で、一番いい匂い」

「あなたが今まで嗅いだ中で、一番不快な匂い」

をやります。

これで五感の記憶、全部です。

どうですか？　成功しましたか？

これは、五感を研《と》ぎ澄《す》ますレッスンです。

五感が鈍くならないように、五感を意識し、五感を何度も再体験してビビッドでいるためのレッスンです。

五感に敏感になる

レッスンのたびに、生徒にどういう状況を思い出したか、聞きました。

印象に残っているのは——

「一番暑い日」では、「高校三年の夏休み、親に内緒で彼女を家に呼んで、親に見つからないように、押し入れの中でエッチしたら、密室状態で汗が滴《したた》り落ちて、頭がボーッとした」なんていうのがありました。「青春だなあ」と僕はコメントしました。

「一番寒い日」では、小学校の登下校のエピソードが多かったです。指先がちぎれそうに寒かったとか、耳や足先が寒さで痛かったとかです。

「一番美味しいもの」は、たくさんありました。実際、一番成功した生徒が多かったテーマです。おばあちゃんの手料理とか激しい空腹の後食べた物とかいろいろです。

「一番不味いもの」では、渋柿を甘柿と間違えてかぶりついたとか、腐った牛乳を一気飲みしたとか、聞いていても「ううっ！」というものが多かったです。

「触って一番気持ちよかった」のは、「前の彼女の柔肌」、「触って一番気持ち悪かった」のは、「今の彼女のさめ肌」という落語の落ちみたいなものもありました。

なかなか寝られない夜、ふと、このレッスンをやってみるなんてのも、素敵です。しばらく横になっていますから、充分リラックスしているはずで、(そうでなければ、緊張レッスンをして)やってみて下さい。新たな発見があるかもしれません。

自分が今まで体験した五感に敏感になるということは、これから体験する五感にも敏感になるということです。

こんな年度末の試験レポートがありました。

「鴻上先生は、『今までで一番暑い日』を思い出せという。記憶のファイルを高速度で検索する。あの日か? いや、確証はない。けれど、あの日でないという確証もない。あの日と仮定してみよう。だが、なんの感覚も蘇《よみがえ》らない。ただ論理的にあの日だと思っているだけだ。私の感覚は干からびているのか? それとも、確証のなさが無意識に感覚の再起を検閲《けんえつ》しているのか……」

と、書き続けていて、読みながら、おもわず、

「じゃかあしいー! 小理屈こねないで、リラックスして身を任せんかい!」

と叫んでいました。

自分の中にどんな感覚があるのか、好奇心を持って楽に対応して下さい。

【感情の再体験レッスン】

感覚ではなく、感情も再体験してみましょう。

リラックスした状態になったら、今から七年前までにあなたが体験した「とても楽しかったこと」か「とても恥ずかしかったこと」を思い出して下さい。

〝今から七年前まで〟というのは、あなたが今、二〇歳なら、生まれてから一三歳までに起こったこと、四〇歳なら、生まれてから三三歳までに起こったこと、という意味です。

仰向けに寝て、目を閉じてリラックスして、自分がとても楽しかったことかとても恥ずかしかったことを思い出します。

ただし、思い出す手順は、「感覚の再体験レッスン」と同じです。決して、「楽しかった」感情そのものを、直接思い出そうとしないこと。

つまり、その時の感情ではなく、状況を具体的に思い出すのです。

あなたが見た風景。特に、光に注目して下さい。屋外なら太陽はどこにあったのか？　曇っていたり雨が降っていたなら、明るかった場所と暗かった場所はどこだったか？　街灯があれば影は出てなかったか？　室内なら窓はどこにあったか？

どんな音を聞いたか？　聞いたと思ったか？　自動車の音、鳥の鳴き声、子供の声、静寂。匂いはどうだったか？　ニスの匂い、香水の匂い、人間の体臭。

あなたの服装、相手の服装。

服装の感覚。きつかったのかダブッとしていたのか。

地面の感触。

具体的に、具体的に思い出して下さい。

そして、あなたがその時、「何をしたか？」を思い出して下さい。

楽しさを味わうために、恥ずかしさをごまかすために、何をしたか、またはしなかったか、具体的に思い出して下さい。


このレッスンは、一〇分から二〇分ぐらい、ゆっくりと時間をかけて下さい。

リラックスする時間を入れると、三〇分から四〇分かかるかもしれません。

焦ることはありません。ゆっくりと、昔の感情を再体験してみて下さい。

うまくいくと、自分も完全に忘れていた感情を思い出すことがあります。

七年前までにしている理由

これは、スタニスラフスキーというロシアの演出家・俳優が創り上げたシステムを元にしたレッスンです。

「七年前」にしているのは、例えば、「昨日、ものすごい恥をかいた」というような場合は、リラックスして思い出そうとしなくても、すぐに蘇る可能性が高いからです。

「今でも思い出すと、顔から火が出る」という言い方があります。それは、ビビッドにその感情を再体験しているのです。

その時は、具体的に体温が上昇し、脈拍が速くなり、血圧が上がっているはずです。情報として冷静に思い出しているのではなく、体全体で思い出して（つまり再体験して）いるのです。

それが、七年たつと、簡単には思い出せなくなるだろう、と言われています。逆に言えば、七年より前の感情を、具体的に再体験できるようになれば、いつの感情も、記憶の中から引き出すことが可能になるだろうということです。

僕が初めてこのレッスンをした時に思い出した「楽しかった瞬間」は、高校二年の時に女の子に告白した瞬間でした。

そんな記憶はとっくに忘れていました。なにせ、二〇年ほど前の記憶でした。

彼女に交際して欲しいと告げるために、待ち合わせの本屋さんでドキドキしながら待っている自分を突然、思い出しました。ゆっくりと自分の目の前に見える風景を、さらに思い出していきました。

明るい光が、本屋さんの入り口から差していて、そこから、彼女が、高校の制服に、ポニーテールを揺らしてやってくる姿が、はっきりと思い出せました。

風景を思い出した瞬間、その時に僕が経験した感情も溢《あふ》れ出てきました。

自然に顔がほころんでいました。

もし、パートナーと一緒にレッスンしていたら、その情景と気持ちを語って下さい。話しながら、あなたは嬉しくなったり、楽しくなったり、キュンとしたりするはずです。

リラックスした状態の時に、正しい手順で、ゆっくりと時間をかければ、人間は、たいていの「自分が経験した感情」をもう一度体験することができるようです。

僕は仕事で、「体験スカイダイビング」というものをやったのですが（インストラクターさんとくっついて、二人で飛び下りるヤツですが）、死ぬかと思いました。

高度三五〇〇メートルで、飛行機から飛び出た瞬間のどっちが上か下か分からない混乱、強風のなか落下を続けながら地球に強引なキスをする感覚、パラシュートが開いてグルングルン揺れながら足がブランブランする感覚、体から沸き上がる感情、それらは、一

○年近くたった今でも、時間をかければ、確実に思い出せます。思い出して、鳥肌が立ちます。

それは、その感情そのものを直接思い出そうとするのではなく、その時の状況、風景、周囲の状態を思い出そうとするからです。

ただし、「悲しかったこと」「つらかったこと」は、やらない方がいいと僕は思っています。実際、僕は早稲田の授業をはじめ、どんな場所でも、マイナスの感情を思い出すレッスンはしません。

リアルに悲しみが蘇って、参加者が錯乱《さくらん》しても、責任を持てないからです。

十数人のレッスンなどで、そんなことが起こると、とても危険です。

充分なケアができないということもありますが、もう一度、悲しみをリアルに再体験して、それが参加者の精神的な傷にならないかと心配するのです。

ですから、あなたが職業俳優で、役作りのために、どうしても、「激しい悲しみ」を体験したいと思って、「とても悲しかったこと」を思い出す、というケース以外は、やらない方がいいと思います。

この場合でも、七年以上前、というのを守って下さい。七年以上前なら、比較的距離を持って悲しみに接することができるはずです。

一ヵ月前の悲しい記憶は強烈ですが、「小学二年生の時、飼っていたペットが死んだ」という記憶は、悲しいけれど、大人になって思い出せば、悲しさに振り回されないで悲しみをコントロールしながら再体験できるはずです。七年前とは、そういう意味でもあるのです。

こんな使い方もあります

とは言いながら、次のようなトンデモない利用方法もこの「感情の再体験レッスン」にはあります。

あなたがいつもデートに遅刻ばっかりしていて、恋人から「今度、遅刻したら別れる」と言われているとします。

なのに、あなたは今度も遅れてしまいました。

相手はカンカンです。今まで、何度も、しょーもない嘘をついて、余計、相手を怒らせてもいました。

なので、あなたは素直に謝ろうと思いました。それも、涙を流して、こんな自分が情けなくて悲しい、と謝ろうとします。

が、以前、「嘘泣きはよせ」と突っ込まれたことがあります。

本当に泣かなければいけない。

その時、あなたは、「小学一年生の時、縁日で買ったハムスターのハム子が死んだ時の感情」を再体験して、泣くのです。

具体的に具体的に思い出しましょう。リラックスはしていませんが、しょうがありません。非常事態です。時間もあまりかけられません。とにかく、ハム子が入っていた段ボールの形、色、エサ入れの容器の色や形、などを具体的に思い出すのです。

あなたは本当に悲しくなります。ハム子の死を再体験しているのです。涙も溢れ出ます。

本当に悲しい感覚は、伝わります。あなたは反省していると恋人は思うでしょう。

「ハム子の死」レベルなら、精神的な傷になることはないでしょう。ある程度のコントロールできる範囲なら、悲しい感情も使いようです。

いいえ、僕は嘘をつけと言っているのではないですよ（笑）。


じゃあ、こんな使い方はどうです。

僕はイギリスの演劇学校に、一年間、こういうレッスンのリサーチに留学したのですが、クラスに一人、ふだんはなんでもないのに、演技を始めるとものすごく色っぽくなる女性がいました。

ふだんは普通の理性的なデンマーク人なのに、舞台に登場すると、ものすごく色っぽくなるのです。

その落差があんまりすごかったので、

「どうしてそんなに色っぽくなれるんですか？」

と、ある日聞きました。

彼女は、

「登場する直前まで、エッチなことを具体的に想像しているの」

と、少し恥ずかしそうに答えました。

恋人とのベッドでのムニャムニャを思い出しているのです。具体的に思い出しているから、体が再体験しているのです。そりゃあ、フェロモンも出て、色っぽいはずです。はい。

もっと身近な例だと、「これから大切な人と会ったり会議があるから、陽気で快活になりたい。けれど、朝、とても悲しいことがあって、気持ちが弾《はず》まない」なんて場合です。

気分を変えたい、気分転換したいと思っても、なかなか、変わりません。

そういう時、昔の楽しかったことをリアルに思い出して再体験するのです。恋人と遊園地に行った記憶、友達とバカ騒ぎした記憶、自分や友達のドジ話、などです。慣れてくれれば、簡単にできるようになります。

もっとも、これは、感情・感覚の再体験レッスンの積極的な使い方です。

そこまでのことを考えないで、ただ、寝る前に再体験するだけでも、充分な意味があります。

錆《さび》つきかけていた感情がもみほぐされて、楽な気持ちになるはずです。

そして、これから体験する感情も、より鮮烈に味わうことができるようになります。

ずっと言っていた「表現」→「感情」ではなく、基本の「感情」→「表現」のレッスンです。

レッスン9　感覚・感情で遊ぶ

【空想レッスン】

一人でもできるレッスンですが、もう一人パートナーがいて、今からやる内容をゆっくりと言ってあげると（つまり文章を読み上げてあげると）、より楽にできます。

一人でやる場合は、だいたいの内容を覚えてから、横になってやって下さい。この本を読みながらはやらないで下さい。

空想して、遊んでみましょう。

仰向けに寝ます。

まず、思いっきりノビをしたり、アクビしながら体をくねくねとストレッチしたりして、リラックスして下さい。レッスン８の「緊張レッスン」も、もちろん有効です。

では、目を閉じて、あなたの体が床から五センチぐらいふわっと浮いたとイメージして下さい。

あなた自身の体が浮いたと空想してもいいし、魂が体から抜けて旅を始めたと思ってもいいし、もう一人のあなたが肉体から抜けて精神体として浮いたと感じてもいいです。あなたの空想しやすい設定にして下さい。

あなたの体は、どんどんと上昇を始めていきます。

床から一〇センチ、五〇センチ、一メートル、二メートル、あなたの今いる部屋の天井まで上昇します。

下を見ると、あなたが横たわっているか（魂や精神体の場合はそうですね）、あなたが寝ていた床（あなたが浮いたと空想した場合）が見えます。

あなたは、天井をふっと通り抜けて上昇を続けます。

どんどんと上昇します。

やがて、あなたがいた建物の上に出ます。

屋根や屋上などを抜けて、建物が下に見えます。

電線を越して、電柱も下に見えます。

さあ、もっと上昇を続けましょう。

あなたのいた建物の周りが広く見えてきます。

（僕は今、東京の杉並区という所にいてこの原稿を書いていますから、その前提で描写します。あなたは、あなたの住んでいる場所に置き換えて下さい）

どんどん上昇を続けると、遠くには、新宿の高層ビル群が見えてきます。都庁も見えてきます。

もっと上昇を続けます。

東京湾が見えてきて、富士山が見えてきて、もっと上昇を続けます。

鳥とすれ違い、飛行機を越え、雲の中を通りすぎて、どんどん上昇していきます。

伊豆や房総半島、日本地図で知っている風景が見えてきます。どんどん、上昇を続けます。

日本海が見えてきます。朝鮮半島も見えてきました。

日本列島全体が見えてきます。

太平洋を越えて、アメリカや東南アジア全体が見えてきました。

スペースシャトルから見えた地球の風景です（もちろん、実際のあなたはずっと目を閉じているんですよ）。

さあ、宇宙空間に出てきました。

そこで、しばらく遊びましょうか。漂《ただよ》い、流星を探し、無重力を感じ、地球を見つめます。空想ですから、好きに遊んで下さい。

しばらく（数分間）空想したら、さあ、戻りましょう。

地球に向かって、近づいていきます。

雲を抜け、飛行機の横を通り、鳥を眺めて、降りていきます。

ちょっと寄り道しましょう。

太平洋に小さな島があります。

近づいてみましょう。

どんどん、近づきます。

小さな島です。

そこの草原に降りましょう。

気温は暑すぎず寒すぎず、最適の場所です。

原っぱにゆっくりと降り立ちます。

そのまま、大の字に寝っころがりましょう。

気持ちいいですか？

さあ、空はどんな具合ですか？

雲ひとつない青空？　それとも、白い雲がぽっかりぽっかりと浮かんでいますか？

太陽はどこにありますか？　寝ころんだあなたの体のどちら側にあって、どこを照らしていますか？　感じましょう。気持ちいい風は吹いていますか？　どっちからどっちへ吹いていますか？

右の頬で感じますか？　左の頬ですか？

思いっきり、ノビしてみますか。

では、上半身だけ起こしましょう（イメージですよ。実際は寝たままです）。正面には、何が見えますか？　なるべく、ゴミゴミした雑踏やコンクリートのビル群は見えない方がいいですね。素敵な自然に囲まれた南の島の方が楽しくないですか？

では、右には何が見えますか？　左には？　後ろは？

では、座っている周りに目を落としてみましょう。草原です。花は咲いていますか？　蝶やてんとう虫なんかの昆虫はいますか？

では、立ち上がって草原を走ってみましょう（繰り返しますが、空想の中でですよ。あなたは依然として、目をつむって仰向けに寝ているのです）。

そのまま、しばらく草原で遊んでみましょう。

では、そろそろ時間です。帰りましょう。

あなたの体は、ふわっと草原から浮きます。一〇センチ、五〇センチ、一メートル、五メートル、どんどん、あなたの体は上昇していきます。足元の草原がどんどん小さくなっていきます。

やがて、島全体の風景が見えてきます。さっき、見えていた風景を上から見下ろしているのです。島が小さくなります。どんどん上昇します。

日本列島を目指しましょう。

あなたが出発した場所に戻りましょう（僕の場合は、関東地方です）。

東京に近づきます。高層ビル群が見えてきました。雲を抜けて近づきます。

どんどん近づいて、杉並区に来て、建物の上空に来ました。建物の屋上や屋根を通り抜けて、元いた部屋の天井を抜けました。

自分が横たわっていた床が見えるか、自分が横たわっている風景が見えます。

ゆっくりと降りていきましょう。

ゆっくり、ゆっくりと。

そして、床に着いて、あなたの体に戻ります。静かに戻った感触をたしかめて下さい。

では、ゆっくりと目を開けて下さい。

あなたの空想の旅は終わりです。


どうですか？　うまくいきましたか？

これを二〇人ぐらいの参加者のレッスンでやると、四、五人は必ず途中で熟睡《じゅくすい》します。たいてい、宇宙で遊んでいるぐらいから、大きなイビキがあちこちで聞こえてきます（笑）。

僕はそれでも、いいと思っています。

力んだ体が、ふわっと浮くというイメージで力が抜け、宇宙に行くイメージで悩みを一瞬忘れて熟睡する。

なんて素敵なことでしょう。

問題は、イビキがすごすぎる時に、その音で、他の参加者がおもわず笑ってしまい、空想する集中力がなくなることです。

知り合いの役者は、「鴻上さん、僕は寝られなくなると、いつも、このレッスンをやってます」と報告してくれました。

このレッスンで寝られるということは、逆に言えば、空想する力が強い、ということです。ダメな人は、まったくダメです。自分の体が宙に浮く、というイメージから、〝乗る〟ことができません。

なので、このレッスンは、じつは、中級クラスのレッスンです。

僕はいつも、「目隠しレッスン」をして、「感覚・感情の再体験レッスン」をして、体と感性がもみほぐされてから、この「空想レッスン」をやることにしています。

自分のストーリーで遊んでみる

慣れてきたら、自分の好きなストーリーにして遊んでみて下さい。

寝る前は、たしかにいい時間です。

心底、落ち着きたいのなら、アルプスの麓《ふもと》にある透明な湖の底に静かに沈んでいく、なんていうイメージはどうでしょう？

僕はたまに、南の島で牛と出会い、牛と遊ぶストーリーを体験します。牛さんがとても親切で、自分のお乳で牛乳風呂を用意してくれるのです。

なぜか、突然、草原に、欧米式のそら豆形の白いバスタブが出現します。草原に露天《ろてん》のバスタブがひとつ。それには、たぷたぷの牛乳。なんて不思議でわくわくする風景でしょう。牛さんに感謝して、入浴します。

もちろん、空想ですから、本当に脱ぐわけではありません。ただ、想像して、体験するのです。

入浴して、そのまま、体をずぶずぶと沈め、口までつかったら、ガバと口を開けてごくごく牛乳を飲む、なんてことを空想するのは、楽しいものです。あったかいので、表面に膜《まく》ができて、それを集めて野球のボール大にして、体をこすったりもします。

ストーリーは、そのまま、乳白色のバスタブがつるりと滑り、ソリになって、草原を下る、と続きます。目を閉じたまま悲鳴をあげますが、楽しいものです。

これらは、経験したことのない感情や感覚を体験してみよう、ということです。そのために、空想で遊ぶのです。楽しく遊べば、さまざまな感情や感覚を体験することが可能なのです。

体が宙に浮く、というパターンがダメでも、きっと空想しやすいストーリーやシチュエイションがあるはずです。楽しみながら探して下さい。

見つかったら、リラックスして、とことん遊んで下さい。集中すればするほど、空想は広がり、あなたが経験したこともない感情や感覚を体験させてくれるでしょう。

身体的想像力について

「相手の立場に立ってものを考えろ」と言われたりします。

資本と民族と宗教が対立する時代になって、相手のことを考えることは、とても重要なことだと思います。

けれど、「相手の立場」を理論的には理解できなくても、相手の感情や感覚を身体的に理解できれば（つまり体験できれば）、それが対立から寛容《かんよう》への糸口になる可能性もあると思うのです。

例えば、僕達は、相手に感情移入すると、相手と自然に呼吸を合わせるというメカニズムを持っています。

演劇でいえば、名優のセリフ術に、観客が同調する瞬間です。俳優が息を吐くと、何百人という観客が同時に息を吐くのです。吸えば、吸います。文章で読むと、「そんなバカな」と思いますが、実際に、それは起こります。もちろん、下手な俳優さんだったり、感情移入できないストーリーだったりするとそんなことは起こりません。

人間には、相手に感応する力があるのです。

セールスマンが、必死に話しながら、「お客さまのことを本当に思ってお話してるんですよ」と言う場合は、呼吸に注目してみます。

こっちの呼吸とセールスマンの呼吸がまったく合ってない場合、セールスマンは、こっちの立場はまったく考えていません。つまり、お客さまのことを本当には思ってないのです。意識して呼吸を変えてみます。変えたのに、セールスマンの呼吸になんの変化もない場合は、決定的です。

本当に相手に同情し、相手をなんとかしたいと思っている時、自分の呼吸は相手の呼吸と自然に一致するのです。

あなたには、経験ありませんか?

ものすごく都合のいいことを言ってくれてるんだけど、なんだか、しっくりこない相手や、味方だと言ってくれてるんだけど、なんだか距離を感じたり、ウサン臭かったりした相手に出会ったことが。

その時は、きっと、相手との呼吸は合ってなかったはずです。なので、あなたの体が、相手との距離を自然に感じたのです。

体の違和感は、それぐらい正直なのです。もちろん、僕達は、体の違和感を「儲《もう》かる話だから」とか「あなたにしか言ってないから」とかの〝言葉〟にしがみついて無視して、だまされるのです。


逆に、呼吸を合わせることで、相手が見えてくるということもあります。

相手が心配で、相手をなぐさめたいと思う時、どんな言葉をかけようかと考える前に、まず、相手の呼吸に合わせてみるのです。

そうすることで、相手の状態を感じることができます。

それは、結果的に、相手の体を私に開く行為となります。

相手の体の状態を、自分の体で感じる能力、これを「身体的想像力」と言います。相手の立場を、理論的に想像する能力ではなく、相手の体の状態を、つまり、感情や感覚を含めて想像する能力です。

この能力は、もちろん、鍛《きた》えないと上達しません。

逆に言えば、レッスンすれば伸びます。

「場の空気を読む」という言葉があります。空気が読めない人と、さっと読める人がいます。過剰に怯《おび》えて、媚《こ》びて、場の空気に敏感になっている場合じゃなくて「場の空気を読める」人は、身体的想像力の強い人です。

自分のことだけを考えたり、理論偏重《りろんへんちょう》の人は、結果、身体的想像力の弱い人です。相手の理論や宗教、政治信条が分からなくても、相手の体を感じることができれば、少しは何かが変わるんじゃないかと思います。

歴史を見れば、論争がエスカレートし相手を口汚く罵《ののし》るようになるのは、身体的想像力を失い、理論が体を無視した結果です。頭ででっち上げた感覚を、相手にぶつけているのです。異教徒や××主義者は悪魔だと断定して、殺しても当然だと宣言するのは、理論です。けれど、その悪魔と呼ばれる人の体が目の前にあって、身体的想像力で相手の体と感応できれば、悪魔だから殺そうとは、簡単に断定できなくなるのです。

こいつは悪魔だと頭が断定しても、殴《なぐ》る瞬間に感じる相手の感情や存在感が、頭の命令を裏切ります。それが、コミュニケイションの可能性となるのです。

九・一一の同時多発テロで始まった二一世紀を、共に生き延びるためには、この身体的想像力に注目することは、とても大切なことだと思うのです。

レッスン10　他者と付き合う

「他者」と「他人」の違い

表現力を磨くのは、ぶっちゃけて言えば、もてたいとか、好印象を与えて仕事を成功させたいとか、野望実現のための説得力を増したいとか、からだと思います。

それは、まったく間違ってない動機だと僕は思います。

言ってしまえば、それは、相手のあることです。

相手に向かっての「表現力」です。

相手のことを、「他者」または「他人」と言います。

ちょっとレッスンの前に、僕が考える「他者」と「他人」の違いを説明します。それが、じつは、このレッスンをする目的なのです。

「他者」とは、「受け入れたくないのに、受け入れなければいけない存在」であり、同時に、「受け入れたいのに、受け入れられない存在」のことです。

例えば、家族で考えてみましょうか。

あなたが誰かを好きになって、結婚したいと思った時、その結婚に母親（または父親）が反対したとしたら、母親（父親）は、あなたにとって「他者」となります。

結婚をやめなさいと命令する親は、あなたにとって、「受け入れたくないのに、受け入れなければいけない存在」です。が、同時に、私のことを思ってアドバイスする親は、「受け入れたいのに、受け入れられない存在」なのです。

結果としては、鋭く対立しながら、どっちつかずです。引き裂かれたまま、宙ぶらりんに存在するのが、「他者」なのです。

まあ、結婚でもめなくても、子供にとって母親（父親）は、たいてい、他者です。

ガミガミとうるさい母親（父親）は、受け入れたくないのに、受け入れなければいけない存在です。ですが、あんまり反発すると、受け入れたいと思うけれど、母親（父親）の価値観をそのまま受け入れることはできない存在です（親にとって、逆に、子供は多くの場合、他者となります）。

で、僕達は、うんうんと唸《うな》りながら試行錯誤を続け、「他者」と付き合っていくのですが、ここで「もう嫌だもんね。こんな関係、やめたい！」と決意すれば、「他者」は、いきなり、「他人」となります。

「他人」は、関係ない人のことです。苦労して付き合っていく必要も関係もない人のことを「他人」と言います。「他人」の価値観もアドバイスも、あなたには関係ありません。母親（父親）を、「他人」にする人は、もちろんいますが、多くはないでしょう。

例としては、恋人が一番、理解しやすいでしょう。

どうしても別れたくないと思って、苦しみもがき悩みすがりぶつかり憎み愛し溺《おぼ》れ冷め、うだうだと関係を続け、相手のことを、「受け入れたいのに受け入れられない」、そして同時に「受け入れたくないのに受け入れないといけない」と思っていれば、それは、「他者」です。

ですが、「別れましょう」と携帯メールひとつですぱーんと終わらせられるのは、「他人」です。結婚していても、成田離婚でいきなり別れられる人は、「他人」の関係です。

何十年も結婚生活を続けていて、お互いがお互いの関係をなんとかしようと思いながら、受け入れられず、受け入れたくても受け入れられないのは、「他者」の関係です。

どんなにたくさんの人と恋愛しても、簡単に別れられるのなら、それは、「他人」を量産しただけのことです。付き合いが面倒くさくなると簡単に別れるのは、「他人」の関係です。

もちろん、「他人」の関係になる方が楽です。楽ですが、面白みも減ります。

本当に好きになってしまうと、「他人」ではすまなくなります。自分にとっては、なんとか、相手を「他者」にしようとします。

（もちろん、恋愛の初期、「他者」でも「他人」でもなく、「自分の分身」とか「味方」とか思い込んでしまう時期もあります。が、それは、恋愛の魔法の時期であり、残念ながらすぐに次の段階に移るのです。親子関係の例で言うと、なんでも親の言うことに従う子供の場合です。結婚を反対されると、親の言う通りに結婚をやめる子供は、「親の分身」だったり「部下」だったりします）


日本は、「他者」や「他人」が分かりにくい文化です。

これがアメリカだと、いきなり、アパートの隣の部屋に、アフリカの小国から移民してきた人が住んだりします。夜中に、突然、聞いたこともない外国語の歌が聞こえてくる場合もあります。

もちろん、そのままだと「他人」です。が、ひょんなことから口を利《き》き始め、人間的交流が深まれば、「他者」です。

その人の肌の色や髪の毛やファッションが、その人は「自分の分身」でもなく「味方」でも「部下」でもないと、分かりやすく教えてくれるのです。

アメリカでは、視覚的にはっきりと「他者」や「他人」の場合が多いようです。

恋人が、白装束で有名な人種差別集団「KKK（クー・クラックス・クラン）」のメンバーだったなんてのは、とびきり分かりやすい「他者」です。

が、日本は、ここまで分かりやすい「他者」は少数です。アフリカの小国から来た人は、まず、不動産屋さんで排斥《はいせき》されます。日本人が住むアパートの隣の部屋に、普通に入居することは少ないでしょう。そういう人は、寛容《かんよう》な大家さんが経営する国際的アパートに回されるのです。

なので、日本人は、相手を「他者」と思わない傾向があります。「他者」ではなく、存在しない「仲間」だと思ってしまうのです。

ちなみに、「友達」とは、「他人」で、「親友」は「他者」だと、一般的には言えるでしょう。

日本人は、外見が似ているので、つい、「同じ日本人じゃないか」と思いがちです。が、どんなに外見が似ていても、じつは私たち一人一人は、「他人」であり「他者」です。それは、アジア人同士、顔が似ているけれど、華僑《かきょう》や在日朝鮮・韓国人と日本人は違う、という意味ではありません。同じDNAを持つ家族でさえ、個人として生きようと思えば、「他人」や「他者」なのです。

顔が同じだから、「自分の分身」か「味方」か「部下」か「仲間」だと思いがちですが、相手を本当に理解したい、相手とちゃんと付き合いたいと思ったら、それは、「他者」となるのです。

そもそも、家族は、一番身近な「他者」なのです。

僕は劇団を二〇年やってきて、同じ俳優と二〇年近く付き合っても、いまだに、驚かされることがあります。

「お、お前はそんなことを考えていたのか⁉」

と、絶句する瞬間です。

そう絶句しながら、それでも、ちゃんと付き合いたいと思えば、「他者」です。「もういいや」と諦《あきら》めれば、「他人」になります。

もっと若いころ、僕は「他者」との付き合い方を知りませんでした。親は反発と甘えの対象でしたし、友達とはどこまで深く付き合ったらいいか分かりませんでした。友達と味方と他人と敵の区別が分からなかったのです。

今なら、完璧な味方も完璧な敵も完璧な友人もフィクションだと分かります。そんな分かりやすい存在はないのです。ただ、「他人」と「他者」の間を揺れる存在だけがあるのです。

「他人」というレッテル張り

人間と付き合うことに疲れると、人間は相手を「他人」にします。分かりやすいレッテルを張って、すませるのです。

「変人」「オタク」「変態」「バカ」「邪教徒」「悪魔」「キモサヨ」、それらはとても楽なレッテルです。

ちょっと真面目なことを言えば、ここ一〇年ぐらい、日本人も世界も、どんどん、レッテルを張って、「他人」を増やしているように思います。

日本においての直接のきっかけは、一九九五年のオウム・サリン事件だと僕は思っています。

オウムという集団の暴走と頽廃《たいはい》によって、日本人は、相手を理解することを放棄したと思います。少なくとも、オウムまでは、相手の教義を聞く態度も余裕も日本人はあったのです。教祖の空中浮揚の写真を笑いながらも、心のどこかで「いや、ひょっとしたら」と考える余裕があったのです。

が、これ以降、「理解できないもの」に対して、日本人はノータイムで、レッテルを張るようになります。もちろん、率先《そっせん》したのは、マスコミです。

死体を生きていると主張したグルにも、白装束で日本中を移動した集団にも、私たちは、ノータイムで「異常」というレッテルを張りました。張って、なんの疑問も感じませんでした。

オウム体験がなければ、僕達は、もう少し、理解に苦しむ集団の教養と態度に歩み寄って、発言しただろうと僕は確信しています。

世界的には、九・一一アメリカ同時多発テロです。

あれ以降、アメリカは、世界的にレッテルを張りまくっています。悪の枢軸国《すうじくこく》とかテロ国家とか大量破壊兵器保有国だとか、です。

「表現力」のレッスンでこんなことを書いているのは、つまりは、表現力は、相手が必要なものだからです。

ただ、自分の思いを表現するだけが表現力ではありません。表現力とは、相手がどんな存在なのかを考える力でもあるのです。そのためには、相手にレッテルを張ってしまうことは、一番、もったいないことなのです。

そう、この本は道徳の本ではないので、「レッテルを張るのをやめましょう」とは言いません。ただ、「レッテルを張るともったいない」と言います。表現力を使いたい相手に、レッテルを張ってしまうと力を充分に発揮《はっき》できなくなるのです。

で、相手の事情を考えるためのレッスンが、これからやるものです。
難しいものではありません。

【写真レッスン】

人物が写っている一枚の写真を選びます。人物が誰か分からない写真がいいです。つまりは、絵はがきとか雑誌とか広告とか友達の持っている写真とかがいいでしょう。

便宜《べんぎ》的に、一枚、載《の》っけておきます。この写真で必ずやることもないですし。

まず、この写真を、記念写真とはおもわず、写った人の一瞬の人生を切り取ったものだと考えて下さい。つまり、誰が撮ったとかを考えないで、写った人の人生そのものの瞬間と考えるのです。

真ん中の男性を選んだとします。

この男性の人生を作ります。この人の事情を考えるのです。「疲れたサラリーマン」とレッテルを張らないで、その人の事情を考えます。

名前とか年齢とか場所とかですね。

もちろん、たったひとつという正解はありません。この男性の名前を考えるのはあなたです。写真から読み取れる情報を元に、この人の事情を考えて下さい。

まずは、一〇分ほど考えてみませんか？


さて、一〇分たったとします。この人の事情をより詳《くわ》しく考えてみましょう。

四つのＷというのを知っていますか？

学校時代にやりましたね。誰が？（ｗｈｏ）何を？（ｗｈａｔ）どこで？（ｗｈｅｒｅ）いつ？（ｗｈｅｎ）、ですね。

では、順番に、この男性の事情を決めていきましょう。あいまいにではなく、明確に、具体的に決めていきましょう。

まずは、誰が？（ｗｈｏ）
この人の、名前、年齢、外見、学歴（専攻があれば学部学科）、仕事、家族、心配事、友人関係、趣味、体質、健康状態、病歴、感情のタイプ（怒りやすいとか涙もろいとか）、感情的経験（離婚をしたとか親と死別したとか）、動物にたとえるなら（猿っぽいとかウサギっぽいとか）、夢と野望、文化的経験（オペラを見たことがあるとかバレエを習っていたとか）、興味、結婚歴、国籍、政治傾向、宗教、性経験、社会的地位、旅行歴、戦争経験などを決めましょう。

名前を決めた時点で、この人の事情はあなたしか知りません（つまり、あなたが決めたことが正解となるのです）。積極的に決めていって下さい。

では、これがいつ？（ｗｈｅｎ）なのか決めましょう。

何年ですか？

一九九〇年とか二〇〇一年とか、年を決めることは、社会的な事情を決めることです。バブルの時代、不況の時代、テロ直後、いろいろあるでしょう。

季節と月は？

気温と雰囲気を決めることです。

曜日は？

一週間のうち、月曜と金曜では、精神状態が違うと思いませんか？ 働いている人ならリアルに分かるでしょう。週末はやはりどこかほっとしているものです。この瞬間は、何曜日でしょうか？

時間は？

朝なのか、夕方なのか？　深夜なのか？　時間によって、感覚や態度が変わるでしょう？


では、ここがどこ？（ｗｈｅｒｅ）なのか決めましょう。

国は？

日本ですか？　他のアジアの国という可能性はないですか？（ただし、一度も行ったことがない国に設定をしてしまうと、あなたの想像力はあいまいなものになって、結果、この人の事情はとてもあいまいなものになるので、やめた方がいいと思います）

地方は？

その地方の特色はどんなものですか？　開放的？　閉鎖的《へいさ》？　人情味豊か？　それはその人の性格に影響していますか？

街は？

どれぐらいの人口ですか？　市ですか町ですか村ですか？（あなたが引っ越しをした経験があるなら分かってもらえるでしょう。大都市に住む気持ちと、人口数千人の町に住む

気持ちは違います。それが、この写真の瞬間に影響しているかもしれません）

地域は？

お金持ちの多い地区ですか？　下町ですか？　隣人はどういう人ですか？　住宅街ですか？

家は？

これは、写真の場所だけではなく、写真の人物が住んでいる家についての質問でもあります。この人物は、ホームレスでない限り家に住んでいるはずです。その家を想像で決めて下さい。外観とか、間取りとか、です（ホームレスでも、段ボールハウスの間取りとかいつも寝ている階段の色とか、いろいろあるでしょう）。

部屋は？

人物が住んでいる部屋の、それぞれの大きさと詳しい状態、レイアウト、家具、インテリア、感覚と雰囲気、匂い、清潔さ、など、いろいろと決めて下さい。

繰り返しますが、写真に写っている場所を具体的に明確に決めることと、写真の人物の生活の場所を具体的に明確に決めること、この二つをやって下さい。

では、最後に、何を？（ｗｈａｔ）

写真のこの瞬間、何が起こっているのかを明確にしましょう。

この一瞬前、何が起こったのかも決めましょう。

「これから何が起こるか」でも、「何が起こりつつあるか」でもありません。つまり、この瞬間の三分後、この人物が交通事故で死ぬとしても、この瞬間は、「仕事をしている」わけで、交通事故とは無関係です。

つまり、物語を創《つく》るのではないのです。

このレッスンをすると、時々、「この男性は、香港マフィアの日本支部長で〜」と、想像力豊かに、ストーリーを創る人がいますが、残念ながらそういうストーリーはいりません。この人が、「これから何をするか」とか「過去にどんなことをしてきたか」とか「どんな計画を練《ね》っているか」が問題なのではありません。

まさに、この瞬間、この人は何をしているのか？　が大切なのです。

それが、この人の事情です。この人がこれから何をしようとしているのかは、この人の計画で、ここではなんの関係もありません。

この人がもし、「爆弾テロの犯人」だとしても、知りたいのは、この瞬間の四つのWです。犯人の計画とか過去ではありません。名前から始まって、どんな間取りに住んでいて、どんな町で育って、どんな性経験があるか、から相手の事情は始まるのです。

繰り返しますが、写真から読み取れる情報が、まず大前提です。

「この人物は、元女性で、性同一性障害で性転換手術を受けている」というような大胆な設定は、あまりお勧めできません。その人の特殊な事情（それは結局、ストーリーなのですが）に目を奪われがちだからです。その人が何をした人であれ、何をする予定の人であれ、過去とか未来に焦点を当てるのではなく、その人のこの瞬間の事情を見つめて下さい。

具体的に決める

四つのW、それぞれ、決めましたか？

三〇分から一時間もあれば、充分だと思います。

あなたはだんだんと、その人物が実感できるようになってきたはずです。

では、このレッスンをより完璧に仕上げるために、ここでパートナーBを登場させて下さい（なので、このレッスンは二人でやるのが理想です）。

パートナーBは、あなたAに、その人物について質問をします。

例えば、Aが、その人物には妻がいると言えば、Bは妻の名前や年齢を聞いて下さい。

Aは、答えます。もし、妻の年齢まで考えてなかったとしたら、その場で考えて言って下さい。その時、「たぶん、三五歳です」というような「たぶん」という表現とか「三五歳だと思います」の「思います」のような、推定とかあいまいな表現は使ってはいけません。なぜなら、その人物の事情を知っているのは、あなただけなのです。あなたは自信を持って、「三五歳です」と断言して下さい。

逆に言えば、どんなに自信がなくとも、言い切ります。それがこのレッスンのルールです。

ですから、もちろん、「知りません」は、絶対に言ってはいけません。あなたは知っています。あなたが知らなければ、その人物の事情は存在しなくなります。

まったく予期しなかった、用意してない質問がきても、あわてず、その場でその人の事情を考えて、答えて下さい。

「子供はいますか?」と聞かれて、「二人います」と答えたら、Bは迷うことなく、名前と年齢、場合によっては通っている学校の名前を聞いて下さい。

Aはそこまで用意してない場合でも、そこで考えて答えて下さい。

あんまり細部の質問を続けるのは問題ですが、しかし、子供は何人いるか、男女の別、年齢、学校（私立か公立か）などは、写真の人物の精神状態に影響すると考えられます。

場合によっては、子供の担任の先生の名前と特徴を聞いてもいいかもしれません。

会社の名前、給料（バイトなら時給）、家の間取りなど、ちゃんと聞き続けると、一時間ぐらいはすぐにたちます。

（じつは、このレッスンの理想の人数は、二人ではなく、三人から六人ほどです。一人に複数の人間が聞く方が、いろんな角度から質問が出て、Aが答え続ける結果、写真の人物の事情が膨《ふく》らむのです。僕は早稲田の授業では、三人一組にしていました。一人に二人が質問するというパターンです）

予期しない質問にいろいろと答えている間に、矛盾も出てきます。結婚生活の長さを答え、結婚した年を答え、現在の歳を答えた結果、計算が合わない、なんて状態です。子供の歳と出産の年が合わないなんてのもあります。早稲田の授業だと、でまかせの出身地を答えて、質問していたパートナーがまさにそこの出身で、「その市にはそんな地区はないんだけど」と言われた生徒もいました。そういう場合は、すぐに変えた方がいいでしょう（完璧なリアリズムを追求するわけではありませんが、パートナーがないと言っているんですから、変えるしかありません。その他の地区なら、デッチ上げてもなんとかなるかもしれません）。

具体的に具体的に、写真の人物の事情を決めて下さい。

人間は人間が分からない

よく、「男は女が分からない」とか「女は男が分からない」とか言われます。

恋愛に苦しむ人がもらす言葉です。が、僕は、その言葉を聞くたびに、「でも、恋愛以外で、人間をこんなに深く理解しようと思ったことってあるんだろうか?」と思います。

友達と二人でレストランに入って、友達がキュウリを残していたとして、

「どうして、キュウリを食べないの?」

と、友人のAに聞いて、

「キュウリ、嫌いなんだ」

とAが答えたとしても、Bは心の中で、

「Aはキュウリが嫌い。メモメモ」

とは思わないでしょう。

ただ、恋愛の場合のみ、

「へえー、彼(彼女)はキュウリが嫌いなんだ」

と、心にしっかりメモをするのです。

友人関係の場合、「どうして、キュウリを食べないの?」と聞くことは、ほとんどない

でしょう。が、恋愛においては、ほぼ間違いなく聞くだろうという予感があります。

それは、相手のことが知りたくてしょうがないからです。

人間は、恋愛の時に初めて、人間を知りたいと強く思うのです。それ以外は、相手を知りたいと激しく思うことはない、と言っていいと思います。

恋愛で、人は初めて「他者」と出会うのです。それまでは、みんな、「他人」なのです。

それが、ヘテロセクシャルの場合、男は女、女は男です。だから「男は女が分からない」「女は男が分からない」となるのです。が、本当は、「人間は人間が分からない」ということなのです(例外としては、離婚や遺産、進路などの家族関係で幼いころからもめた人は、恋人より前に家族という「他者」に会います。ですが、一般的な家庭では、家庭での対立の前に、恋愛の問題にぶつかると僕は思っています)。

だから、相手の事情を知ることが必要なのです。以心伝心は願いです。「言わないでも伝わる」は祈りです。が、現実は、相手とコミュニケイトするために、よりよい表現をするために、相手の事情を理解する必要があるのです。

「他者」は、最後まで、宙ぶらりんのままの存在です。その存在と、それでも僕達は共に生きていくしか他に方法がないのです。時には、理解し合えたと喜び、時には、断絶《だんぜつ》したと絶望し、離れ近づき、生きていくのです。

人間が成熟しているかどうかは、どれぐらい「他者」と付き合えるか、ということだと思います。

「他者」というやっかいで魅力的な存在と付き合うためには、まず、「他者」の事情を知ることです。それが、「他者」と付き合う大切な方法なのです。

「他者」がくれる喜びは、「他人」がくれるものとは、較《くら》べものにならないぐらい強いものです。それは、人と深く付き合ったことのある人ならみんな知っています。

そして、「他者」がくれる苦しみも、「他人」とは、較べものにならないぐらい強いものです。

それが「他者」と付き合う魅力なのです。

このレッスンがうまくいくと、事情を考え尽くした人物があなたの心の中に住み始めます。それは、おそらく生まれて初めての経験です。まるで、小説家が、一人の人物を完璧《かんぺき》に造形したような感覚になるのです。

僕の心の中にも、そうやって育った人物が一人います。

レッスン11　相手の体を知る

マッサージのうまい人

「料理のうまい恋人と、マッサージのうまい恋人なら、どっちがいいか？」

という質問から話を始めます。

で、僕の場合は、間違いなく、マッサージのうまい恋人でしょう。

マッサージがうまいということは、相手の体をよく知っているということです。で、相手の体をよく知っているということは、じつは、自分の体をよく知っているということなのです。

つまり、自分の体をよく知らないまま、相手の体を深く知ることはできないのです。

男女問わず、料理に関心のある人は多くても、体に関心のある人は少ないと思っています。だからこそ、僕にとって、マッサージのうまい人は貴重なのです。

先日、美容院に行って、新人の男性にマッサージされたのですが、彼は僕のコメカミを左右非対称で押しました。これには、ちょっとびっくりしました。ツボは、もちろん完全に外れているのですが、それだけではなく、左右の押す場所が違うのです。

「ああ、この人は、自分の体を知らないんだなあ」としみじみ感じました。
自分の体を知るために、相手の体を知るのです。
だから、マッサージのうまい人は、自分の体をよく知っている人なのです。
では、相手の体、そして、自分の体を知るレッスンを始めましょう。

絵27

【鏡レッスン】

演劇界では有名なレッスンです。
二人でおこないます。
一人がポーズをとって、もう一人がそれを鏡のように真似をするレッスンです。
まず、向かい合います。
Aがゆっくりと動き始めます。
Bが真似をします。（絵27）
Aがこの場合、リーダーです。
なるべく全身を使って、動いて下さい。
「歯磨《みが》きをする」とか「頭をかく」とかの

日常の動作をするよりも、なるべくいろんなポーズ、日常ではやらないようなポーズをした方が楽しいと思います。

ポーズと書きましたが、止まることなく、ゆっくりと動き続けるのが基本です。「歯磨き」も、とてもゆっくりやれば、面白い動きになります。

速く動くと、真似ができなくて、効果が半減します。Aはゆっくりと動いて、Bは確実に真似して下さい。

しばらく動いたら、リーダーを交代します。もう一人Cがいたら、「リーダー、交代！」と声をかけてもらって下さい。

いなければ、A、Bどちらかが、「リーダー、交代！」と言って下さい（どちらが言うか、決めない方がスリリングで面白いです）。

この時、動き続けたままスムーズにリーダーを交代します。リーダーがAからBになった瞬間に、ギクシャクしないように。

またしばらく動いたら（Bがリーダーで、Aが真似したら）、また「リーダー、交代！」と声をかけて、交代して下さい。

動きが止まらないまま、リーダーを交代するのが基本です。

だんだんと、声をかける間隔を短くして下さい（つまり、二人がリーダーを交代する時

間を、どんどん早くしていくのです)。三人目、Cがいれば、Cは、どんどん、声を早くかけて、最後に、

「どっちがリーダーか分からないのに、動きが合っている！」

と、言って下さい。

AとBは、どちらがどちらの真似をするのか分からないまま、動きを合わそうとしてみて下さい。

Cは、「そのまま、穴を掘る！」とか「体操をする！」とか、次に言います。

AとBは、お互いを意識しながら、同じ動きで穴を掘ったり、体操をしたりしてみて下さい。

ずっと、ゆっくりやるのが基本です。

早くやってしまうと、真似することがとても大雑把になってしまいます。

ゆっくりやることで、相手の動きを観察できるし、自分の体を意識することもできるのです。

Cがいない場合は、だんだんと早く交代して、最後に、どちらかが、「リーダーが分からないのに、動きが合っている！」と言って下さい。

後は、同じです。

しばらくやったら、どちらかが、「台車を押す！」とか「携帯電話をかける！」とか言って下さい。ゆっくりやりながら、相手と動きを同調させて下さい。

【瞬間ポーズレッスン】

今度は、Aがさっと作ったポーズをBが瞬間的にさっと真似するレッスンです。

真似の仕方は、鏡と同じです。

鏡レッスンとの違いは、速度です。

Aは、ぱっと作ります。ポーズが決まった瞬間、Bは間髪《かんはつ》を入れず、続けてそのAのポーズを真似します。

Aは、ポーズが合っているかどうか、素早くチェックして、Bに伝えます。

Cがいたら、Cがチェックします。Bは、言われたら、ポーズを修正します。

Aは、続けて、一〇ポーズほどします。そのたびに、Bが真似をします。

一〇回終わったら、Bに、一番好きだったポーズを聞きます。

Bは、一〇ポーズを思い出して、気に入ったポーズを再現して下さい。

その後、交代します。Bがやって、Aが真似します。

たくさんのポーズをストックする

やってみれば分かりますが、一〇種類、まったく違ったポーズを作るというのは、なかなか難しいものです。

たいてい、五種類ぐらいで行き詰まって、後は、テレビのタレントのポーズになったりします。何度、僕は「コマネチ！」のポーズを作る人を見たことでしょう。

一〇種類、すべての形が違うポーズが自然にできる人なら、もう、表現力のためのレッスンなんかする必要はありません。その人の体は、しなやかで豊かでさまざまな表情を持つ素敵な体のはずです。

けれど、多くの人の作るポーズは二、三種類のパターンの応用でしかありません。場合によっては、まったく同じポーズを繰り返して、気づいてない人もいます。体の表現がとても、単調なのです。

もっとも、ふだんはまったく体の表現を考えてないのですから、しようがありません。で、何も考えないで作ると、それは癖《くせ》で作ったことになります。癖ではなく、表現と呼ばれるものになれば素敵なのです。

そのために、一番手っとり早い方法は、じつは、他の人の形をもらうことです。

自己流で絵を描いていた人が、より素敵な表現力を身につけるために、他人のたくさんの絵を見ることと同じです。

他人のポーズを知ることで、表現の可能性が広がり、癖から離れることができるのです。

ですから、相手のポーズをちゃんと覚えておきましょう。ただ、やりっ放しになるんじゃなくて、「おっ、その形、面白いぞ」とか「へえ、そんな形があるんだ」と注意してみて下さい。

鏡レッスンは、ゆっくり動きながら、

「あ、私はこんな形、したことない」

とか、

「へえ、こんな動き、面白い」

とか、楽しんで下さい。

瞬間ポーズレッスンでは、「へえ、こんなポーズがあるんだ」とか「これはさっきと近いな」とか、いろいろ感じて下さい。

相手の体を知れば知るほど、それは、あなたが自分の体を知ることになるのです。

うんとたくさんのポーズと動きをストックして、表現の幅を広げましょう。

レッスン12　体で会話する

【体会話レッスン】

二人でするレッスンです。

まず、一言も話さないで、目だけで相手と会話します。テーマは、なんでもいいのですが、「これから何を食べようか?」なんてのはどうでしょう。

相手の目だけを見て会話します。

えっ?　なんだか恥ずかしい?

では、手の指を動かすだけで、会話してみましょうか。

テーマは、うんと明確に、「お金を貸してくれ」なんてのはどうでしょう。どっちが申し込むかを決めないで、いきなり、手の指だけの会話を始めます。(絵28)

相手の目や顔を見るのではなく、ただ、相手の指だけを見ます。それで、会話するのです。

僕は、「指星人《ゆびせいじん》」と呼んでいますが、どっかの星で、指だけで会話する人達がいると考えるのです。

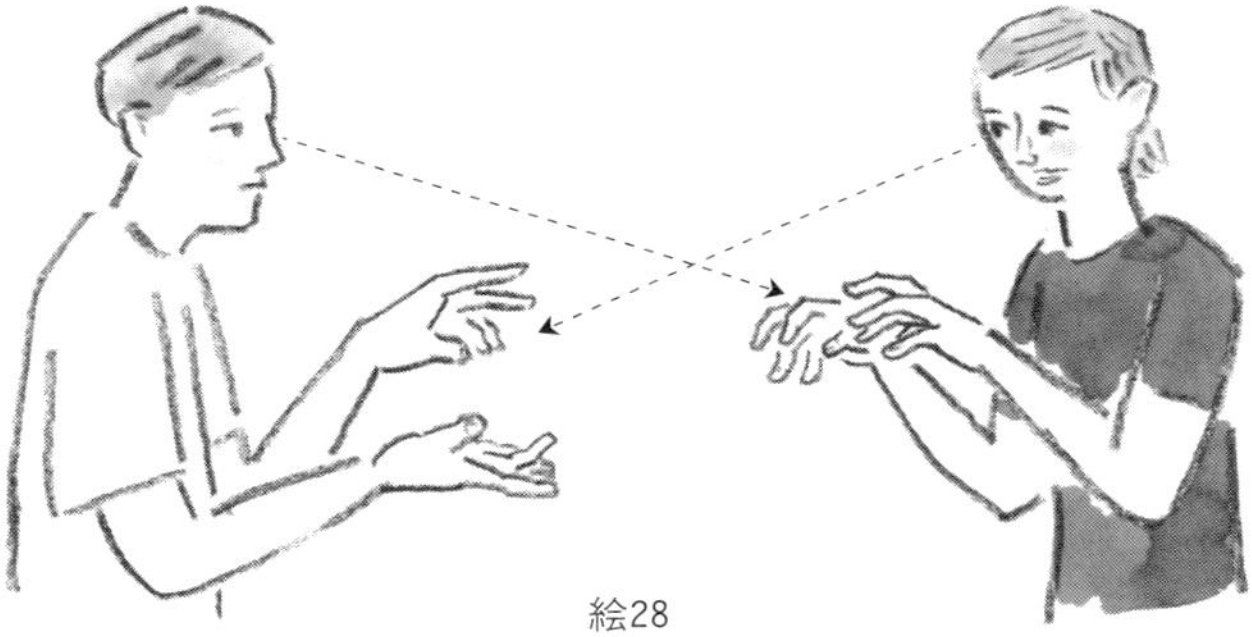

絵28

ただし、手話ではありません。説明するのではなく、指の動きに、感情とイメージと意味を勝手に重ねるのです。指の動きが、会話そのものなのです。

いきなり動きだしても、お互いの指を注意深く見れば、どっちが借金を申し込んで、どっちが申し込まれているのか分かるはずです（たいてい、申し込む方は積極的に動き、申し込まれた方は相手の出方を待つからです）。それでも分からなければ、指で会話しながら、どっちがどっちなのか、見分けて下さい。もし、二人とも借金の申し込みなら、指で会話しながら調整して、どちらかが申し込まれる側になって下さい。

といいながら、最後まで分からなくても、かまいません（笑）。だって、大切なのは、指だけで会話をしてみることで、意味を判断することではないのです。

このレッスンをやると、自然に顔が動いて、表情で意味を伝えてしまう人がいますが、顔は動かしてはいけません。

ただ、指だけを動かすのです。繰り返しますが、相手の顔も見てはいけません。ただ、相手の指だけを見ます。

しばらく指会話したら、「じゃあ、貸すよ」とか「もういいよ、ケチ！」とかの話の決着をつけて、会話を終わらせて下さい。

……あなたは指の表現の可能性に驚くはずです。両手を使ったり、片手だけにしたり、指のさまざまな角度に新鮮な発見があるはずです。または、指の表現のもどかしさに、困惑するかもしれません。それでも、あなたは、自分の指の表現に、今、初めて出会ったはずです。

では、次に、「肘星人《ひじせいじん》」になりましょう。そうです。肘《ひじ》で会話するのです。冗談ではありません。片肘、両肘、どちらでもかまいません。肘だけで会話するのです。もちろん、相手の肘しか見ません。顔も指も見ません。

テーマは何にしましょう？

「今日、何食べる？」にしますか？　二人で決めて下さい。

しばらく会話したら、肘で「じゃあね」と会話を終わらせて下さい。中途半端には終わらないように。

では、次は眉《まゆ》です。

はい、これも冗談ではありません。ここまで変だと、恥ずかしさもなくなるでしょう？　眉毛を動かすだけで、会話して下さい。

テーマは任せます。なるべく、本気になれるものの方がいいでしょう。恋人同士が、眉毛だけで、「浮気してるんじゃない？」なんて会話してたら、素敵です（笑）。

しばらく会話して、ちゃんと終わらせるのも同じです。

次は口。開けたり、閉じたり、ぐにゃと形を変えたり、さまざまなパターンで会話して下さい。

次は舌。冗談ではないですよ。ベロです。ベロで会話します。本気の会話に疲れたら、「今日の体調はどうですか？」なんていう、なにげない会話でもいいです。ベロの会話で楽しんで下さい。

次は肩。くどいようですが、冗談じゃないですよ。肩を上げたり、下げたり、回したり、角度を変えたりしながら、相手の肩と会話して下さい。「肩星人《かたせいじん》」ですね。「今晩、一杯どう？」なんてのはどうでしょう？

次は胸。「おしゃべりな胸」と「寡黙《かもく》な胸」の会話です。「遅刻してきた部下を怒っている上司の胸」と「謝っている部下の胸」なんてパターンもあります。

次は膝《ひざ》。「外出しようと誘う膝」と「家にいようとする膝」なんてのはどうでしょう?・

次は足先。足首から先の足の部分を使います。「足先星人」です。久しぶりに会った友達同士なんてのはどうでしょう?（もちろん、他のパターンでもかまいません。僕はただ、例をあげているだけです）

そうそう、「お尻星人」を忘れていました。

お尻をくっつけるんじゃなくて、お尻の動きだけを見て、会話します。「何食べよう?・」と、相談しますか。

他に、会話できそうな体の部分はありませんか?　ここで会話したいなあという部分はありませんか?

僕は他には、「お腹」「顔全体」なんてのを付け加えたりします。

このレッスンを通じて、あなたが、自分の体の各部ともう一度出会うことが目的です。

結果、あなたが自分の体を再発見することができたら、それはとても幸せなことです。

できれば、いろんな人と体で会話できると、より再発見の確率は高くなります。多くの人の体の各部の使い方を見ることは、自分の各部の使い方の発見を促《うなが》すことになるからです。

レッスン13　自分と相手の体を感じる

【立ち上がりレッスン1】

二人でするレッスンです。

相手の体を感じ、自分の体を感じましょう。

二人が、背中を合わせて座ります。（絵29 a）

そのまま、背中を合わせたまま、手を使わないで立ち上がります。（絵29 b）

絵29 a

↑

絵29 b

お互いが、お互いの体を支え合わないと、うまく立ち上がれません。バランスを楽しみながらやってみて下さい。

【立ち上がりレッスン2】

今度は、正面で向かい合って立ち上がります。

伸ばした足の裏を合わせて、両手をつなぎます。(絵30a)

そのまま、お互いが両手を引っ張って、立ち上がります。この時、膝をなるべく曲げないように。(絵30b)

力で強引におこなうのではなく、お互いのバランスでうまく起き上がります。

背中合わせよりは、少し難しいです。できなくても、焦らず、バランスを取ることを楽しんで下さい。

自分だけが起き上がろうとすると、なかなかうまくいきません。相手と呼吸を合わせることが大切です。

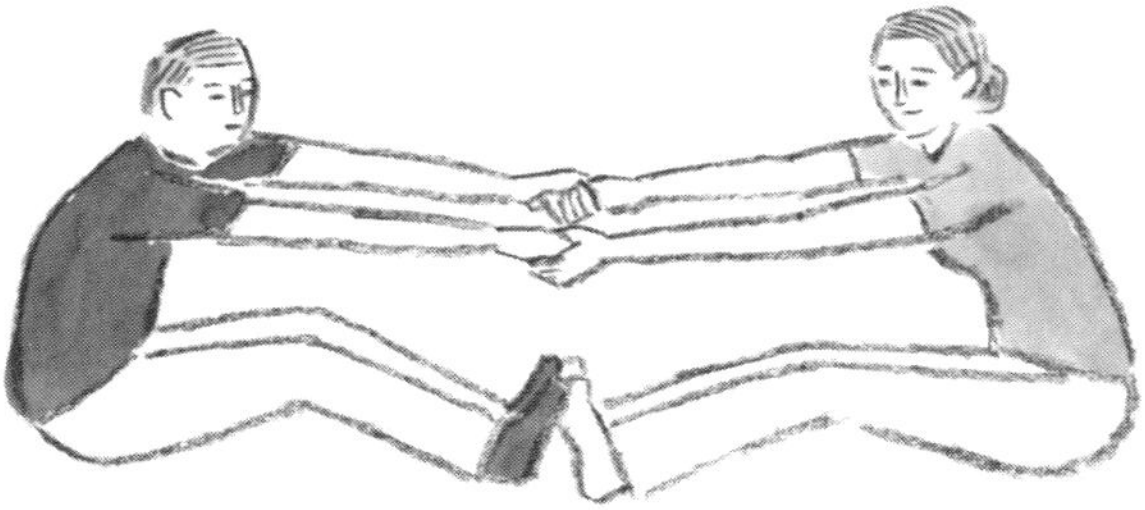

絵30 a

絵30 b

絵31

【立ち上がりレッスン3】

ペンとか割り箸とかの短い棒を用意します（ペン先は尖《とが》ってない方がいいでしょう。マーカーとか、キャップつきのボールペンとかがいいですね）。

座ったまま、お互いの人指し指の先でペンを支えます。

目を閉じて、そのまま、しばらく押したり引いたりします。

指先で、相手の動きと存在を感じて下さい。（絵31）

しばらく動かしたら、目を閉じたまま、立ち上がります。

この時、「立ち上がろう」と声をかけないで、お互いがお互いの呼吸で判断して下さい。

立ち上がる途中で、指先からペンが落ちたらやり直しです。

もう一度、座って、最初から始めて下さい。

目を閉じたまま、立ち上がったら、しばらくペンを支え合ったまま動きます。全身で押したり引いたりしながら、どう動いたらペンが落ちてしまうか、相手の体と動きを感じて下さい。

慣れてきたら、ペンを支えたまま、一人がぐるりと一回転してみます。（絵32）

指先で、相手を感じてみましょう。

どんな感じがしましたか？

ペンを落とさないためには、指先に相手の体を感じながら、自分の体も同時に感じないとうまくいきません。

その不思議な感覚を、たっぷり、楽しんで下さい。

絵32

レッスン14　視覚を意識する

「視覚を意識する」などと聞くと難しそうですが、ふだん、なにげなく見ているものを、もう一度体験して、再発見してみようというレッスンです。

【まばたき視覚レッスン】

二人一組でおこないます。

Aは目をつぶります。

絵33

Bは、目をつぶったAの左側に立ちます。そのまま、Bは右手でAの左手の肘を軽く下から支えます。Bの左手は、Aの左の手首を軽く握ります。（絵33）

このまま、Bは目をつぶったAを導いて歩かせます。

Bは、Aの左手を触っている自分の右手と

左手を軽く押す感じで、Aに歩くことを伝えます。

Aは目を閉じていますから、ゆっくりと導いて下さい。

このレッスンの場所は、室内でも屋外でもかまいません。

ただし、室内の場合は、歩き回れる適度な広さが必要となります。

Bは、しばらくAを導いて歩き、やがて、Aに見せたい風景の前で止まります。

そして、「ちょっと顔を上げて」とか「もう少し顔を下げて」とか言って、Aが風景をちゃんと見えるように、顔の角度を微調整します。（絵34）

見せたい風景の正面に導きますから、問題は顔の角度だけです。もし、「もっと右を向いて」と言いたい場合は、Aの立ち位置自体を右に導きます。

そして、BはAの左手の肘を支えている右手を瞬間的に軽く握ります（素早い合図です）。

Aは、その合図を感じたら、さっと目を開けます。

すぐに、Bはまた、右手を軽く握ります。この二回目の合図を感じたら、Aはすぐに目を閉じます。

時間にして、全部で一秒以内の動きです。Bは、一秒以内に「クックッ」と二回、右手を握って合図するのです。

Aは、一回目の「クッ」で目を開け、二回目の「クッ」で目を閉じるのです。機械的な

絵34

運動です。

Bは、瞬間的にAに風景を見せたら、別の風景の前へ導いてあげましょう。Aは、もちろん、目をつぶったままです。

忘れがたい風景

これだけのレッスンです。

文章で読むと、「いったいなんだ?」と思う人もいるでしょう。

でも、これが、とても面白い体験なのです。

Aがすることは、目を閉じて暗闇を作り、突然、左肘を握られ、さっと目を開け、次の合図ですぐに閉じる。それだけです。

それだけですが、目を開けて飛び込んできた風景は(すぐに目を閉じますから一秒にも満たない映像なのに)、圧倒的な存在感で目に焼きつきます。

それは、忘れがたい風景となるでしょう。そんなバカなとあなたは思うかもしれません。まあ、やってみて下さい。

Bは、まず、一分ぐらい、Aを導いて歩かせて下さい。もちろん、この間、Aは決して目を開けてはいけません(この間に、Bは、Aに見せたい場所を探すのです)。

一分ほど歩かせたら、見せたい場所の前にAを立たせて下さい。
最初に見たその風景は、Aには忘れがたいものになります。

このレッスンを、じつは、僕はイギリスの演劇学校でやったのですが、（場所はいつもの教室で、なんでもない風景だったのに）最初に見た、教室のすみに立てかけられた譜面《ふめん》台《だい》と後ろの壁の映像は、何年もたった今でも鮮明に思い出すことができます。

ふだんなら忘れているような、うんざりするぐらい普通の日常の風景です。それが、こんな見方（レッスン）をするだけで、生涯忘れられない風景になるのです。

自分たちがいかに、日常、惰性《だせい》で周りを見ているか、いえ、何も見ていないかがよく分かるレッスンです。

最初の風景を見せたら、また、目をつぶったままのAを、次の風景へとBは導きます。
風景と風景の間に、適当な暗闇の時間があると、Aの体験する風景は毎回、圧倒的なものになります。

ですから、三〇秒から一分ぐらいの暗闇の時間をちゃんと作ってあげて下さい。

このレッスンは日常の風景を再発見するレッスンです。それは、日常の風景をいかに惰性で見ているかということを発見するレッスンでもあり、日常の風景ともう一度出会うレッスンでもあるのです。

レッスン15　歩き方を知る

動きの基本のひとつ、〝歩き方〟を知るレッスンです。

あなたは、ふだん、自分がどんな形で歩いているか、知っていますか？


【歩き真似レッスン】


まず、二人でおこないます。

道路でもできますが、駐車場のような広場や公園、教室などの大きめの空間がある方がより便利です。

まず、Aが意識しないで普通に歩きます。つまり、気取りもせず、きびきびもしない、自分がふだん歩いている通りの姿です。

ずっと歩き続けられるように、空間を右回りか左回りか、まるで目に見えないトラック（競走路）があるかのように使うのがいいでしょう。

Bは、Aの後ろについて、Aの歩き方を徹底的に真似して歩きます。

手の振り方、顔の角度、足の運び方、姿勢などに注意して、コピーして下さい。（絵35）

Aは、Bを意識しないで歩き続けて下さい。

Bは徹底的にAを観察して、真似できたなと思ったら、歩きながらAに「オッケーです」と伝えて下さい。その声を聞いたら、Aは、横にずれて歩くのをやめます（横にずれるのは、そのまま止まると、後ろを歩いているBとぶつかるからです。歩いていたラインから離れて止まれば、Bの進路を妨害することもなく、Bはそのまま同じテンポで歩き続けることができます）。

Bは、止まらないで、真似をしたまま歩き続けます。

止まったAは、歩いているBを見ます。

Bの歩き方は、Aの歩き方そのものを示しています。

Aは、自分の歩き方を初めて知ることになります。

たいていの場合、Aは驚きます。自分がそんな〝変な〟歩き方をしていると、想像もしなかったからです。ですが、それは、事実です。

絵35

もう一人、Cがいたら、Bが真似をしている間、「もっとアゴをあげて」とか「Aは腕をもっと振ってます」とか、Bのコピー完成に協力して下さい。BによるAの真似は、より、リアルになります。

人は誰も、その人の独特の歩き方をしています。それが、癖の歩き方です。他人に見られた時だけ、意識して、運動会の入場行進のような歩き方になります。が、日常は、癖の固まりの歩き方です。それが、いかに〝変〟なのか、AはじっくりとBの歩き方を見て、実感して下さい。

モデルのように歩くことが理想なのではありません。ただ、自分がどういう癖で歩いているかを知ることは大切なことです。歩く時、自分はどこを緊張させ、どこの力を必要以上に抜いているのかを知るのです。

癖を知れば、ニュートラルな歩き方を知ることができます。モデルのような人工的な緊張もなく、疲れ切った怠惰《たいだ》もない、自然で楽な歩き方にたどり着く方法のひとつです。

レッスン16　体で物語を創る

【ワンポーズレッスン】

二人でやるレッスンです。

レッスン３の彫刻レッスンからの発展系です。

まず、Ａは、Ｂの体を使ってポーズを作ります。

どんな形でもいいのですが、例えば、こんな形。（絵36）

絵36

彫刻レッスンだと、Aがタイトルをつけましたが、今度は、ポーズをつけられたBが、「この形に合うセリフ」を考えます。

そして、そのポーズをしたまま、言います。

もちろん、たったひとつの正解はありません。あなたがBだとして、しっくりとくる言葉を見つけて下さい。見つけたら、その気持ちになって言ってみて下さい。

例えば、このポーズだと……

「やめて下さい！」

とか、

「もう飲めません！」

とか、

「ストップ！」

とか、でしょうか。

セリフで長々と説明する必要はありません。

例えば、「先輩！　飲んでて終電がなくなったからといって、いつものように僕の家に予告もなく泊まりに来るのはやめて下さい！」なんて長いセリフを言ってはいけません。

人間は、感情が入ったら、こんな長いセリフは言いません。そうでしょう？　こういうセリフを、業界用語で「説明ゼリフ」と言います。展開に煮詰《につ》まった作家が、よく書きます（笑）。

「状況の説明」と「気持ちの表明」を、一度にやろうとした結果です。

でも、どういう状況で「やめて下さい！」と叫んでいるのかを決めることは大切なことです。

問題は、決めたことを全部一度に言わないことです。

「先輩」に対して「突然来ること」を「やめて下さい！」と言っているんだと決めたら、短い言葉、「やめて下さい！」だけを言って下さい。前半の長い説明はいりません。

繰り返しますが、どんなに短いセリフでも、最低限の簡単な設定は必要です。

逆に言えば、簡単な設定がないと、言葉は言えないものです。セリフが出ない時や言いにくい時は、だいたい、この簡単な設定さえない場合が多いようです。

誰に向かって、どうして、「やめて下さい！」なのかが決まると、演技をしたことがなくても、言葉は言えるようになるのです。

レッスン10の写真レッスンほど詳しい状況設定はいりません。最低限、誰に向かって、どうして言っているのかを決めて下さい。

それでも、難しいと感じた場合は、まずは簡単なポーズから始めましょう。

簡単なポーズだと、日常、よく出現するので、言葉も見つけやすくなるのです。

では、AはBに簡単なポーズをつけて下さい。ただあぐらをかくだけとか、バンザイしているとか、です。

それで、Bがそのポーズに合った言葉が言えるようになったら、だんだんと難しいポーズをつけて下さい。

中には、こんなポーズもあるでしょう。（絵37）

Bは、この形をしたまま、「このポーズなら、どんな言葉が出てくるんだろう？」と、自分の体に問いかけて下さい。間違っても、何もしないで頭だけで言葉を考えないように。

絵37

落ち着いて体の感覚を味わうこと。その変な・不思議な・妙な・非日常のポーズをすることで、どんな感覚が湧《わ》き上がるかを、ゆっくり体験・確認して下さい。その感覚を手がかりに、言葉にするのです。
頭だけで考えるとは、その体から湧き

上がる感覚を無視して、ただ形から言葉を想像するということです。
お互いに、ワンポーズレッスンをやり終えたら、次です。

【スリーポーズレッスン】

ワンポーズレッスンの形を、三つ作ります。
ただし、そのたびにBはセリフを言わないで、（Aはもちろん、タイトルはつけないで）
まず三つをまとめて、AがBの体を使って作ります。
例えば、こんなポーズ、ひとつめ。（絵38）

絵38

次に二つめ。（絵39）

絵39

次に三つめ。（絵40）

絵40

計三つのポーズをAはBの体を使って作りました。

では、Bは、この三つを、ひとつの物語の中の三つのポーズだと考えます。

ある物語を表す、三つのポーズだと設定するのです。

つまり、セリフを考えるのはワンポーズレッスンと同じですが、そのセリフは、ひとつの物語の中の続いているセリフなのです。

難しいことではありません。

実際にやってみましょう。

まず、ひとつ目のポーズ（ポーズ1とします）のセリフを、

「もうだめだあ！」

ポーズ2を、

「いや、もう一回、考えろ！」

ポーズ3を、
「やっぱりだめだあ！　逃げろ！」
と、いうようなことです。

こんなバージョンもあります。
ポーズ1「サイフ、落としたー！」
ポーズ2「どこだ？　どこに落としたんだ⁉」
ポーズ3「駅のトイレだ！」

嘘くさいという問題

なるべく簡潔に、三つのポーズに的確に「セリフ」が対応し、物語（ストーリー）がよく分かるのが理想です。

はじめは、短いセリフではなく、少々、長いセリフになるかもしれません。ポーズとポーズの間に、セリフが入って、もう少し状況を説明したくなるかもしれません。

例えば、

ポーズ1「宇宙人が攻めて来たー！」

「逃げよう。いや、戦おう。でもどうやって？　どうしよう」

ポーズ2「どうしたらいいんだ！」

「どうしよう。人類は果たして宇宙人と戦えるのか？　宇宙人には、どんな武器が通じるのか？」

ポーズ3「もう逃げよう！」

というような場合です（笑）。

この場合は、「宇宙人が攻めて来たー！」「どうしよう！」「逃げよう！」ですみますが、じつは、ポーズ1に「宇宙人が攻めて来たー！」というセリフをあてたことが問題なのです。

よっぽどの名優でない限り、ポーズ1に、「宇宙人が攻めて来たー！」というような事態を対応させるのは、とても〝嘘《うそ》くさい〟感じがします。嘘ではありません。嘘くさい感じです。

嘘は、みんな分かります。例えば、ポーズ1をしながら、「(棒読《ぼうよ》みで) ああ、うれしい、うれしい」なんていう場合です。幼稚園児が、感情を無視して、とにかくセリフを言ってる場合なんていうのは、〝嘘〟ですから、誰でも分かります。

問題なのは、〝嘘くさい〟場合です。

表現の現場では、この〝嘘くささ〟が一番、やっかいなのです。

〝嘘くささ〟は、一見、まともそうに見えます。見えますが、見ている人の心を揺さぶりません。心に届きません。とりあえず、その場をしのいで終わります。じつは、プロの演劇でも、嘘くさい演技をする人は大勢います。

「はっはっはっ」と楽しそうに笑いながら登場しても、嘘くさいなあと感じる人はたくさんいます。それが証拠に、本当の笑いは、聞いていておもわずこっちも楽しくなってくるものです。が、嘘くさい笑いは、なんの感情の刺激もありません。聞いていて、少しも楽しくならない笑い、こっちがおもわず微笑まない笑い、それらは、みんな、演技の笑い、嘘くさい笑いなのです。

それは、あなたの実感が教えてくれます。

「楽しそうなんだけど、どうも、伝わらない」という実感を大切にするのです。

レッスンの話に戻れば、ですから、ポーズにセリフをつける時、あなたは自分の実感だけに従って下さい。頭ではなく、体の実感です。

これも、ワンポーズレッスンと同じで、最初は簡単なポーズをAはBにつけて下さい。慣れてきたら、徐々に難しいポーズに取り組んで下さい。

その時も、手がかりはあなたの体の実感です。無理におかしい物語にする必要はありません。（笑いの）受けを狙う必要もありません。オチをつける必要もありません。

まず、論理が必要です。どうしてこんなポーズをしているのかを考えるのは論理です。そして、その論理で言葉が言えるかどうかを確認するのは、あなたの実感です。論理的に正しくても、実感が〝言えない〟と教えてくれる場合もあります。

たいてい、設定が大きすぎる場合は、実感が〝言えない〟と教えてくれます。「宇宙人が攻めて来たー！」もそうですし、「石油が出た！」とか「爆弾が落ちたー！」なんて場合がそうです。

もちろん、名優は言えます。言えますが、あなたはたぶん、名優ではありません。

ただし、名優とは、どんな言葉でも実感を伴って言える俳優のことではありません。名優とは、言葉と自分の実感の距離を知っている人のことです。「サイフを落としたー！」という言葉ならどれぐらい自分の実感と近く、「宇宙人が攻めて来たー！」は、自分の実感とどれぐらい遠いかを知っている人のことなのです。

実感から遠いと分かれば、それなりの距離の縮め方もあるのです。

話が、少し抽象的になったでしょうか？

なら、具体的な例を出しましょう。

ふだん、新聞なんか読んだこともない若者が、エリートサラリーマンの役をもらったとします（こういう例は、けっこうあるのです）。セリフには、「東証平均株価《とうしょうへいきんかぶか》」だの「キャピタル・ゲイン」だのという言葉が溢れています。若者は必死でセリフを言いますが、たいていの場合、観客から「あ、生まれて初めてあんな言葉を言ってるな」と見抜かれます。そこまで鋭《するど》くなくても、「なんだか、言葉が浮いてるね」とか「言葉が軽いんだよね」とか「とってつけたようなセリフ」なんていう感想を語られるはずです。

それは、「言葉と実感の距離が開きすぎている」ということです。別の言い方をすれば、「その言葉を支える実感がない」ということです。

そして、演技の下手な俳優は、この実感のなさが、そもそも分からないのです。言葉と実感の距離の開きが分からないということです。

うまい俳優は、「あ、『東証平均株価』という言葉がある。だけど、僕はこんな言葉、生まれて一度も話したことがない。このままだと説得力がない。経済の勉強をして、この言葉を実感として理解しよう」と思うのです。

うまい俳優は、いきなり「東証平均株価」という言葉を、実感を伴って話せる俳優のことではないのです。そんな俳優はいません。

覚えたての若者言葉とか、流行語とか、女子高生言葉を、なんとか使おうとして言葉が浮いてしまう人は、その言葉と自分の実感の距離感が、そもそも分かってない人なのです。

どんなに面白い言葉でも、実感が支えてくれないと、その言葉は浮きます。

表現に敏感な人とは、新しく知った言葉と自分の実感との距離に敏感な人、ということなのです。

実感はまず、体が教えてくれます。その言葉を言った時に、体がムズムズしない、浮かない、言葉が遠くに感じない、などです。

スリーポーズレッスンは、体と言葉を出会わせるためのレッスンです。

論理で選んだ言葉が、体と合うのかどうかを確認するレッスンです。それは、つまり、体と実感の出会いを再体験するレッスンだということです。

蛇足ながら、どんなに実感が伴っていても、三つのポーズをつなぐ論理が成立していないと面白くありません。実感があって論理がないセリフとは、例題で言えば、

ポーズ１「わーい！」

ポーズ2「困った！」

ポーズ3「びゅーん！」

なんて場合です。勢いがあって楽しいですが（笑）、しかし、表現のレッスンとしては、物足りないものです。

この場合は、「擬音《ぎおん》レッスン」というものがあります。

これは、Aにポーズをつけられた Bが、そのポーズに合うと思う〝擬音〟を出すというものです。

ポーズ1に「ひゃあー！」でも「ぐわー！」でも、本人がしっくりとくる擬音をポーズをしたまま言います。たったひとつの正解はありません。というか、正解は、Bが、自分の実感をちゃんと擬音として表現できた場合です。ですからひとつということはないでしょう。いくつもBにとっての正解があるはずです。

レッスン17　体で表現を創る

【ステイタスアップレッスン・ペットボトルバージョン】

これは一人でもできるレッスンです。

ただし、二人の方がより楽しいでしょう。

ペットボトルをひとつ用意します。イメージの中では、そのペットボトルは、とても高価なものだとします。とても高価。ひょっとすると何億円ぐらいの高価なもの、つまりステイタス（地位・立場）の高いものだと想像して下さい。

そして、それが高価なものだということを、体ひとつで見ている人に表現します。

意味が分かるでしょうか？

例えば、こんな風にしてみたらどうでしょう。（絵41）

絵41

絵42

ペットボトルを床に置いて、その横で警備員のように周りを見ている、なんて感じです。

これで、このペットボトルは、何かとても大切なもののような感じがしてきませんか？

えっ？　しない？　……うむむ、困った。実際に目の前でやればすぐに分かるのですが、なにせ、絵ですからね。

じゃあ、こんなのはどうでしょう？（絵42）

えっ？　なんとなくそういう気がしてきた？　絵だと、こっちの方が分かりやすいですね。ペットボトルに、信者のようにひれ伏している感じですね。

あなたはあなたの体ひとつで、このペットボトルを大切なものに見せるのです。

絵43

さらに、こんなのはどうでしょう。（絵43）

ペットボトルを一生懸命、写真に撮っているという動きです。シャッターを押す時に、「ほお」とか「へえ」とか声を出すと、余計、ペットボトルは、高いものになるでしょう。

では、こんなのは？（絵44）

まるで高価な壺《つぼ》か茶器のように、ペットボトルをじっと見つめるのです。それだけで、ペットボトルの価値は上がったように見えます。

絵44

絵45

ワークショップの参加者がやった中で、僕が好きだったのは、こんな動きです。（絵45）

まるで、砂浜でペットボトルと一緒に座っていて、そして、照れている。そんな風景です。オタク系の人がやると一番ハマります（笑）。

照れては正面を向き（たぶん、海が見えているのです）、そして、また、ペットボトルをじっと見る。なんだか、素敵です。

どうですか？　あなたの体ひとつで、どこにでもあるペットボトルを大切なものに見せて下さい。

やり方は、じつは何万種類（！）もあります。

えっ？　想像もつかない？　ちょっとヒントを出すと、触る時に手袋をつけるアクションをする、絵に描こうとする、抱いて眠る……などです。

二人以上だと、順番にやっていくという方法もあります。一人ひとつずつ、交代しながらやっていくのです。で、アイデアがなくなったらそこで終わりにするか、勝ち抜きにして最後の勝者を決めてもいいでしょう。

【ステイタスアップレッスン・人間バージョン】

ペットボトルバージョンの応用で、人間のステイタス（地位・立場）を上げるというレッスンです。

簡単にいえば、ペットボトルが人間に替わったわけです。

一人の人間Aを、Bは体を使って、自分より偉い人だと表現します。

そう、一番簡単なのは、これですね。（絵46）

絵46

では、おじぎをしているBを偉く見せるためには、どうしたらいいでしょう？

これは、三人目のCがやってもいいですし、Aが交代してやってもいいですね。

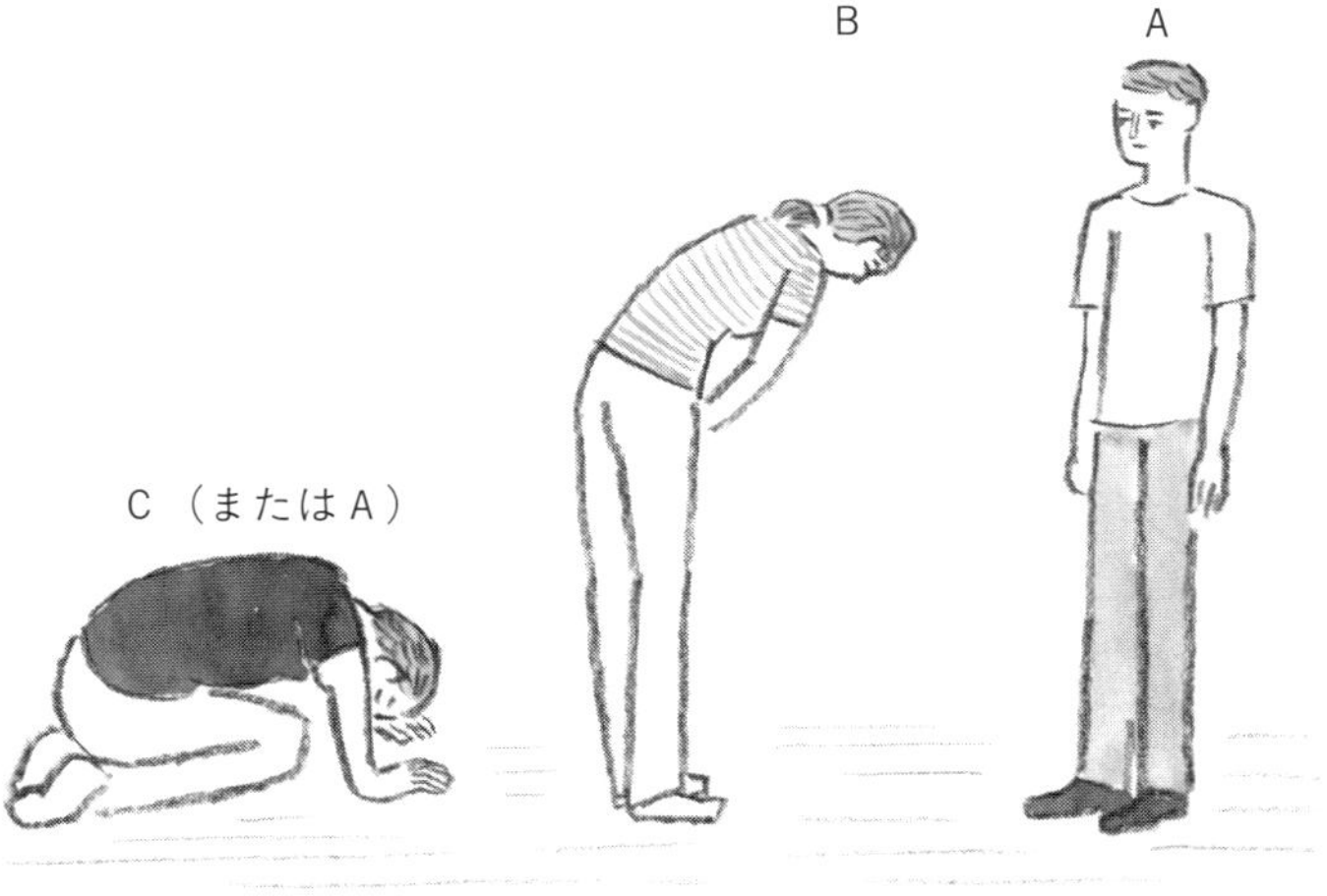

絵47

どちらの場合でも、Bはおじぎをしたままじっとして下さい。

はい、こんな方法がありますね。(絵47)

土下座《どげざ》ですね。これで、BはC（またはA）より偉い人になります。では、このC（またはA）を偉く見せるために、どうしたらいいでしょう？

Bが交代してやってもいいし、もし四人目のDがいたら参加してみて下さい。

例えば、こういうのはどうでしょう？

Ｂ（またはＤ）が、土下座しているＣ（またはＡ）の肩を揉《も》んでみる、という表現です。（絵48）

そんなバカなと思ってはいけません。

これは、一人の人間を自分より高く表現するためのあらゆるパターンを探しているのですから。

あなたはいくつ思いつきますか？

まだまだあります。

絵48

絵49

【ステイタスダウンレッスン】

地位を上げるレッスンがあれば、地位を下げるレッスンもあります。

ここにAがいます。Bは、ある表現でAの地位を落として下さい。

どうします？

Aにツバを吐《は》きかける？　そうですね。吐いた瞬間のポーズで止まってみましょう。（絵49）

では、Aにツバを吐いたBをおとしめましょう。Bの地位を下げます。

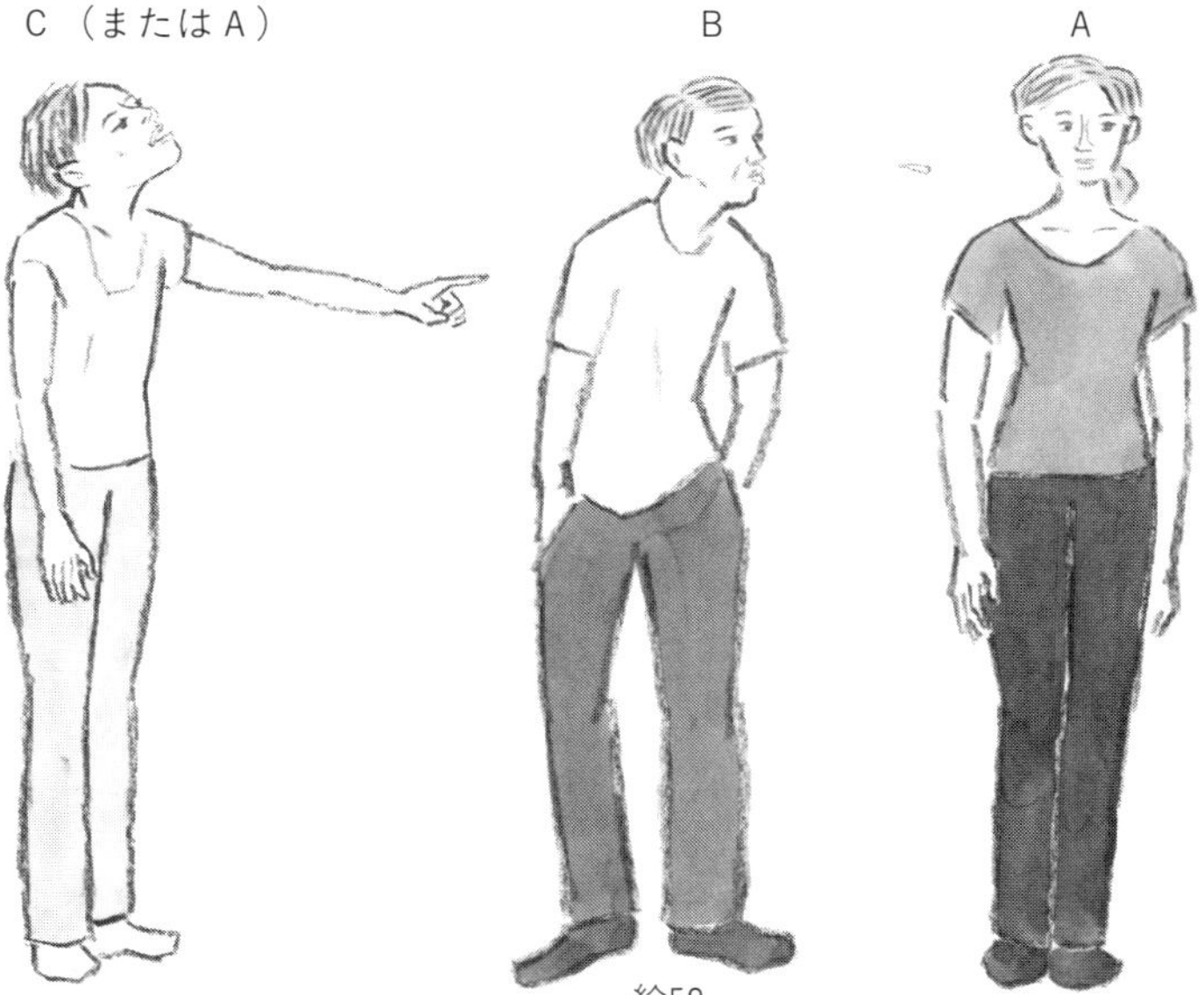

絵50

例えば、C（またはA）は、Bを指差して笑いますか。これでも、充分、Bは地位が下がりますね。（絵50）

では、Bを指差し笑っているC（またはA）の地位を下げます。どうしましょう？

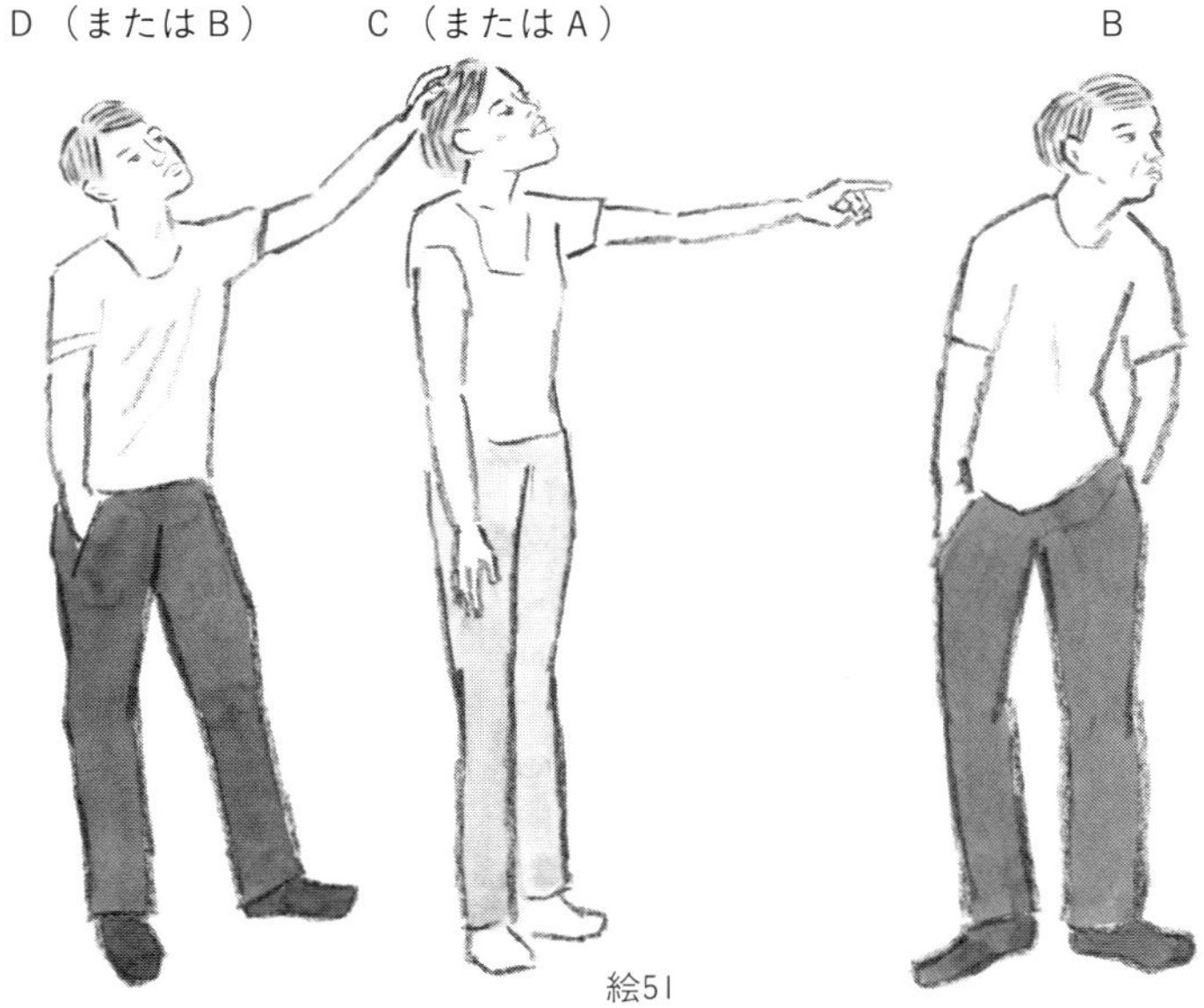

絵51

例えば、C（またはA）の頭の上に、D（またはB）は手を置くってのはどうでしょう？　ダラーっと置くのです。（絵51）

なんだか、D（またはB）が偉そうで、C（またはA）の地位が一段低くなった感じがしませんか？

これもまた、えんえんと続けると面白いものです。

「もう出てこない！」と焦ってから、探し続けると、意外な発見もあります。

体ひとつの表現で、いろんな意味が生まれるのです。

レッスン18　体で表現を楽しむ

【絵画・表現レッスン】

気に入った絵を一枚、用意します。

もちろん、写真でも（白黒じゃない方がいいでしょう）ポスターでもいいでしょう。

その絵を、体の動きで表現してみようというレッスンです。

もちろん、一人でもできます。

ただ、二人いて、それぞれに違う絵を用意して、お互いに発表しあう、なんて方がやる気が出ます。

まず、その絵をじっくりと観察してみましょう。

では、体で表現します。

といって、ジェスチャーゲームではありません。絵から受けたイメージや感情を、体で表現するのです。

ではまず、ジェスチャーゲームとはっきり区別するために、その絵にある色をひとつずつ、表現してみましょう。

赤はありますか？　その絵の赤を、体の動きで表現してみて下さい。

えっ？　そんなこと、できるわけがない？

どうしてです？

あなたは、感じを「声」で表現することはないですか？

「しゅわーって感じ」とか「もうズバババーンって来てさ」とか、感情やイメージを声でちゃんと表現しているでしょう。それが、正しいとか間違っているとか考えたことはないでしょう。ただ、あなたが感じたままを声で表現しているはずです。

それと同じことを、体で表現すればいいだけです。

もちろん、心が動いてないと（感動したり、びっくりしてないと）、表現することは難しくなります。

だから、気に入った絵を一枚、用意して欲しいと言ったのです。

僕は、モネの『日傘をさす女』が大好きです。知っていますか？

クロード＝オスカール・モネ『日傘をさす女』オルセー美術館

色をちゃんと紹介できないのが残念です。では、この絵を例にして説明しましょう。

まず、空の青を体で表します。

次に、雲の白。次に草の緑。

まだまだ色はあります。

一色を表現するのに、動きの時間としては、数秒から数十秒で充分です。

色を体で表現したら、次は、モノです。

まず、日傘を表しましょう。次に白いドレス。次に婦人。次に風になびくスカーフ。

印象でいいのです。

繰り返しますが、日傘だからといって、傘を表す説明的な動きはしない方がいいと思います。豊かな表現にたどり着こうとしているのに、なんだか、とても貧しい表現になるようでつまらないのです。

次は、構図です。

この下から見上げている構図、立っている構図から感じることを、動いて表現してみます。

では次に、光のイメージを体で動いて表してみましょう。

僕は、なんだか、この絵に強烈な光を感じます。太陽の強い日差しです。といって、決して刺々《とげとげ》しくなく、同時にさわやかな風を感じるのです。

はい、次は、この「風」のように、絵から特に感じることを表現してみます。それはそのまま、その絵から受け取ったイメージや感情を動きにしてみることに続きます。

整理すると、色・モノ・構図・光・イメージということになります。

それらを全部、やり終えたら、色からイメージまで全部続けてやってみましょう。

それが、『日傘をさす女』です。

時間にして、三分から五分だと思います。あなたは生まれて初めて、絵画を体で表現したのです。

バカにしないで、ためしにやってみて下さい。好きだった絵が、もっと大好きになります。そして、体を動かすことに、とても自覚的になります。

不思議な経験です。

レッスン19　物語を創ることを楽しむ

【あいうえお物語レッスン】

いよいよレッスンも最後に近づいてきました。

少し高度なレッスンです。

一人でもできますが、二人の方がいいでしょう。

Aがまず、「あ」から始まる物語を始めます。

なんでもかまいません。

例えば、

「ある日、目を覚ますと隣に熊《くま》が寝ていた」

としましょうか。

深く考えないで、勢いで始めるのがポイントです。考え込むと、物語は弾《はず》まなくなるし、だいいち楽しくありません。

「表現力のレッスン」は、楽しくやることが大前提なのです。

楽しくなければ、やる意味はありません。

……という話を、この前、ワークショップのやり方を質問しに来られた教育関係者の人にしたら、

「でもね、鴻上さん、楽しいだけでいいんですか？　ああ楽しかったで終わってそれでいいんですか？」

と質問されてしまいました。

僕はおもわず、

「『ああ楽しかった』じゃ、何かマズイんですか？」

と、少々ムッとしながら聞き返していました。

ムッとしたのは、「楽しければいいのか、教育目標はないのか？」という考え方が、日本人をどんどん表現下手にしたからです。

小学校や中学校の作文教育も音楽教育も図画工作教育も、すべて、「楽しければいいのか、教育目標はないのか？」という考え方から、作文嫌い、音楽嫌い、図画工作嫌いを作ってきたのです。

本来、音楽を嫌いになる、なんてことがあるはずがないのです。それが、音楽教育だから、評価しなければいけないだの、点数をつけなければいけないだの、クラスごとのコンクールのためには音痴《おんち》はあまり活躍させない方がいいだの、いろんな〝教育的措置《そち》〟の結

果、どんどん、音楽の時間が嫌いになる生徒が出現したのです。

表現とは、まず、本人が楽しむことが大前提です。楽しければ、放っておいても、本人はそのことを続けるのです。音楽が楽しければ、作文を書くのが楽しければ、放っておいても、音楽や作文を続けるのです。

続けることで、どんどんと表現は上達するのです。

作文は大切だからと、宿題にされ、添削《てんさく》を山ほど受けて、指導で真っ赤になったような作文用紙は、楽しいはずがないのです。楽しくないものは、続かないのです。

作文教育は大切だからと必死で指導するより、「作文を書くって楽しい」と思わせた方が、作文は上達するのです。

「声」と「体」を使った表現も、作文の表現も、言ってしまえば、一生涯《いっしょうがい》付き合うことです。努力とか指導とかで上達するには限界があるのです。

一生涯、放っておいても上達するためには、楽しむことなのです。

話が少々脱線しました。

「あ」で始まる物語

「ある日、目を覚ますと隣に熊が寝ていた」

をAが言ったら、Bは、すぐに、「い」で始まる文章をでっち上げます。すぐです。悩んでも、最大一〇秒です。「い」で始まる文章で、物語を続けるのです。例えば、

「いい天気ですねと、目を覚ました熊が言った」

Aは、「う」で始まる物語です。

「うらやまから来たんですか？ と、おもわず聞いてしまった」

Bは「え」。

「偉そうに質問するな、と熊は怒りながら言った」

もう分かりますね。「お」から「か行」に入ります。そして、「さ行」「た行」と進みます。二人の例をあげましたが、もちろん、三人でも四人でもできます。

最後は、「わ行」の「を」でおしまいです。一本の物語になれば、とても素敵です。うまく物語が進まなくなったら、この例で言えば、熊のことは一瞬忘れて、別の物語を始め、どっかで熊の話に帰ってくる、という方法もあります。

一文字、一文です。「お」で始まる文章は、句点（。）でおしまいにするということです。

ちなみに、僕が「お」を続けると、

「俺を誰だと思っているんだと、反対に熊にすごんでみせた」

なんて続けましょうか。

テーマは、勢いと速度です。

じっくりと考え込むと、どんどん、面白みが減ります。

勢いでポーンと言って、その雰囲気や感情、声の感じを楽しみましょう。

自分で予想もつかない展開、感情、声が出ればしめたものです。

もちろん、出なくても問題はありません。物語がどんどん転がっていくことを楽しみましょう。

レッスン20　声の表現を楽しむ

それでは、最後に、声のいろんな可能性を楽しみながら文章を読んでみましょう。

文章は、なんでもかまいません。

あなたが大好きな文章、感動した文章、気に入った文章がいいと思います。

文章を用意して下さい。

手近にない場合のために、僕の書いた文章を載《の》っけておきましょう。

では、始めましょう。


【五要素ブロックレッスン】

僕の書いた戯曲『ビー・ヒア・ナウ』という作品から、こんな文章を選んでみました。

ある小学生が、転校した後、一学年下の「あいつ」に出そうとして出せなくて、そのまま、クラスで作ったタイムカプセルに入れた手紙の文章です。

きっと、恥ずかしくて出せなかったのでしょう。

今日、『讃歌《さんか》』という言葉を学校で習いました。『讃歌』とは、お礼の歌だと先生はおっしゃいました。幸せにしてもらったお礼に歌う歌が、讃歌だと先生は、おっしゃいました。

僕は、先生の話を聞くうちに、嬉しくて悲しくて、涙が出そうになりました。

嬉しかったのは、いっぱいいっぱい、讃歌を歌う相手がいたからです。悲しかったのは、讃歌を歌う相手が多すぎて、僕が死ぬまでに歌い終われるかどうか不安になったからです。

青空を見るだけで、僕は幸せになります。だから、僕は、青空にお礼の気持ちを込めて、青空讃歌を歌います。雨が降っても、僕はわくわくします。だから、雨讃歌を歌います。冷蔵庫を開けるだけで、僕はどきどきします。だから、冷蔵庫讃歌を歌います。

讃歌を歌う相手が多すぎて、僕はくらくらします。花に花讃歌、テレビにテレビ讃歌、新しい小学校に、新しい小学校讃歌。

そして、遠くまで響け、第五小学校へ、第五小学校讃歌。街を越えて響け、第五小学校の校庭へ、校庭讃歌。空を渡って響け、懐かしい鉄棒へ、鉄棒讃歌。ビルを抜けて響け、かつてのクラスメイトへ、クラスメイト讃歌。

そして、とどけ、遠くまでとどけ。空を渡ってとどけ、ビルを抜けてとどけ、あいつに。いつもいじめられていたあいつに、あいつ讃歌。街を越えてとどけ、僕が今、一番歌いたい讃歌。

さて、まず、この文章を声に出して、何回か読んで下さい（あなたがもし、自分の気に入った文章をもう用意している場合は、その文章を声に出して、何回か読んで下さい）。できれば、普通の大きさの声がいいでしょう。小さい声だと、声の楽しみは半減します。叫ぶ必要はありません。あなたが友人と楽しい話をしている時の大きさの声がいいでしょう。ひとりごとの声の大きさだと、小さくて、もったいないです。といって、みんなと話すほどの大きさはいりません。

では、何回か声に出して読んだ後に、〝感情やイメージの区切り〟の場所に線を引いて分けていきます。

分かりますか？　読んでいて、あなたの感情やイメージが変化する場所です。

冒頭の、

「今日、『讃歌』という言葉を学校で習いました。『讃歌』とは、お礼の歌だと先生はおっしゃいました。幸せにしてもらったお礼に歌う歌が、讃歌だと先生は、おっしゃいました。僕は、先生の話を聞くうちに、嬉しくて悲しくて、涙が出そうになりました」

の部分で考えてみます。

まず、この部分が、例えば、喜び一色という、まったく同じ感情やイメージなら（つまり感情やイメージが変化しないまま読んだ場合は)、分割する線は引く必要はありません。判断するのはあなたです。あなたがどう感じたか、自分で決めて下さい。

こんな感じ方もあります。

「今日、『讃歌』という言葉を学校で習いました」は、まだ事務的な報告の感覚。次の「『讃歌』とは、お礼の歌だと先生はおっしゃいました」という文章で、『讃歌』という言葉を知った喜びが出てきて、さらに「幸せにしてもらったお礼に歌う歌が、讃歌だと先生は、おっしゃいました」で先生への感謝が出てきて、次の文章、「僕は、先生の話を聞くうちに、嬉しくて」は、ぐっと喜びが増して、「悲しくて」は、その通り、瞬間的に悲しみがぐわっと出てきて、「涙が出そうになりました」は、喜びと悲しみがミックスした不思議で切ない感覚に溢れた、という流れです。

この場合、線は、こう入ります。

「今日、『讃歌』という言葉を学校で習いました/『讃歌』とは、お礼の歌だと先生はおっしゃいました/幸せにしてもらったお礼に歌う歌が、讃歌だと先生は、おっしゃいました/僕は、先生の話を聞くうちに、嬉しくて/悲しくて/涙が出そうになりました」

五つの線が入って、六つのブロックに分かれたことになります。

こんな感じ方（分け方）もあるでしょう。

「今日／『讃歌』／という言葉を学校で習いました／『讃歌』とは、お礼の歌だと先生はおっしゃいました。幸せにしてもらったお礼に歌う歌が／讃歌だと／先生は、おっしゃいました／僕は、先生の話を聞くうちに／嬉しくて悲しくて／涙が出そうになりました」

（念のために言いますが、この分け方に正解はありません。あなたの感じたままが、あなたの正解です。ただ、一般的には、演技のうまい人、表現に長《た》けている人は、線が多く入る傾向はあります。そういう人は、「言葉のニュアンスを知っている」なんて言われたりします。が、それは傾向であって、絶対のルールではありません。つまり、多ければいいってものでもありません。同時に、少ないからダメってことでもありません）

さあ、文章全体で、いくつのブロックに分割できるかやってみて下さい。

ボールペンではなく、鉛筆がいいと思います。

何回かやっているうちに、気持ちが変わる可能性があるからです。

ここでは感情や気持ちは変わらないと思っていたのに、何回か声に出して読んでいるうちに感情を発見して変わるようになってきたとか、逆に、ここでは変わったと思ったのに変わらなくなってきたとか、別の場所で変わるようになったとか、よくあることです。

何回か読んで、線を入れて下さい。

さて、最後までやって、いくつのブロックに分かれましたか？

では、レッスン5の「声の五要素レッスン」を思い出して下さい。声の五つの要素のうちひとつ目はなんでしたか？

そう、「大きさ」でしたね。

では、線を入れて分けた各ブロックごとに、声の大きさを変えて読んで下さい。とてつもなく大きな声、とてつもなく小さな声、中間の声、とにかく、線で区切ったブロックごとに、声の大きさだけに集中して、読むのです（あんまり大きな声を出すと隣の部屋から文句を言われそうな場合は、面倒ですが、大きな公園とかカラオケボックスとかに避難して下さい。すみません）。

レッスンのやり方は分かりましたか？

以下の例で説明します。

「今日／『讃歌』／という言葉を学校で習いました／『讃歌』とは、お礼の歌だと先生はおっしゃいました。幸せにしてもらったお礼に歌う歌が／讃歌だと／先生は、おっしゃいました／僕は、先生の話を聞くうちに／嬉しくて悲しくて／涙が出そうになりました」

「今日」のブロックで（例えば）大きな声。「『讃歌』」で（例えば）ささやき声。「という言葉を学校で習いました」は（例えば）中間の声。「『讃歌』とは、お礼の歌だと先生はおっしゃいました。幸せにしてもらったお礼に歌う歌が」は、(例えば)ノドがヒリヒリするぐらいの絶叫する声。……という風に、各ブロックごとに、声の大きさを変えるのです(ひとつのブロックの中では、声の大きさは一定にします)。

その時、気持ちをいったん忘れて、ただ、ブロックごとに、声の大きさを変える、ということに集中して下さい。

感情のリアリティーというか裏打ちは必要ありません。

どうして、そうなのか?

レッスン5でも言いましたが、「感情→表現」という流れではなく、「表現→感情」という流れを大切にしてみようと思うからです。

たぶん、この文章を、あなたは気持ちをたっぷり込めて読むことはできます。それは比較的簡単なことなのです。

が、気持ちを込めて読むだけでは、表現としてはもう一段高いレベルには進まないのです。それは、「思っていれば、きっと伝わる」と信じ込むことと同じです。でも、あなたはもう知っています。いくら思っていても、伝わらないことは普通にあることを。伝えようと思ったら、気持ちはもちろん大切だけど、同時に表現の技術も必要だということを。

ですから、各ブロックを、気持ちではなく、ただ「大きさ」だけに注目して読むことは、「あ、このブロックのこの声の大きさは、ちょうど気持ちと合っているかもしれない」と偶然、発見する可能性があるのです。そのためには、とにかく、いろんな大きさで読んでみることです。その結果、あなたが予想もしなかった大きさが、最適の表現として感じられる可能性が出てくるのです。

どうですか？　さまざまな「大きさ」を楽しみましたか？

では、次の要素はなんでしょう？

そう、「高さ」ですね。

各ブロック、「高さ」をいろいろと変えて読んでみましょう。

例えば、こんな風に分けたとします。

「讃歌を歌う相手が多すぎて、僕はくらくらします／花に花讃歌／テレビにテレビ讃歌／新しい小学校に／新しい小学校讃歌」

最初のブロックは、喜びです。次の「花讃歌」と「テレビ讃歌」は、気持ちが違います。喜びの種類が違うということです。「新しい小学校に」は、少し、怯《おび》えた気持ち。「新しい小学校讃歌」は、怯えを乗り越えて受け入れようという気持ち。

各ブロックごと、声の高さを変えてみるのです。

うんと高い声、うんと低い声。中間の声。高い声と中間の声の間の声。

とにかく、感情は無視して、声の高さだけに集中します。

実際に声を出してやってみると、なんだか、楽しいものです。

「大きさ」と同じで、ひとつのブロックの中では、声の高さは一定です。ひとつのブロックの中で、声の高さを変えないように。

さあ、全部のブロックをやってみましょう。


次は、「速さ」と「間」を一緒にします。

以下の例でやってみましょう。

「青空を見るだけで、僕は幸せになります／だから、僕は、青空にお礼の気持ちを込めて／青空讃歌を歌います／雨が降っても、僕はわくわくします。だから／雨讃歌を歌います／冷蔵庫を開けるだけで、僕はどきどきします。だから／冷蔵庫讃歌を歌います」

この分け方は、比較的普通でしょう。最初のブロックが「説明」。次が、「感謝」。次が「喜び」。「雨が降っても〜だから」も、「説明」。「だから」までを「説明」にする人もいれば、「わくわくします」を「説明」にして、「だから、雨讃歌を歌います」を「喜び」にする人もいるでしょう。それは、各人の感じ方です。「冷蔵庫讃歌を」を「喜び」にして、

「歌います」を「決意」にする人もいるでしょう。その場合は、「だから／冷蔵庫讃歌を／歌います」という分け方になります。

では、ブロックごとに、読み方の速さを変えて下さい。ひとブロック、うんと速く読んだら、次のブロックは普通に、または遅く。速度だけに注目して、読み方を変えるのです。

そして、「／」の部分は「間」だと考えて、さまざまな「間」を楽しんで下さい。

最初のルールとしては、直前のブロックをうんと速く読んだら、次の「間」は長めに。直前のブロックをうんと遅く読んだら、次の「間」は短めに、というものです。

分かりますか？

「だから／冷蔵庫讃歌を／歌います」

という文章で説明すると、「だから」を遅く「だ〜か〜ら〜」と読んだら、次の間は短めにするので、すぐに「冷蔵庫讃歌を」と言います。速めに言った場合は、次の間はちょっとあけて「………歌います」と続けるのです。

それができるようになったら、ルールを外して、好きな速度と間で読んで下さい。テーマは、あなたが楽しめるかどうかです。

さて、声の五つの要素の最後、声色を楽しみましょう。

以下の例です。

「そして、遠くまで響け、第五小学校へ／第五小学校讃歌／街を越えて響け／第五小学校の校庭へ／校庭讃歌／空を渡って響け／懐かしい鉄棒へ／鉄棒讃歌／ビルを抜けて響け／かつてのクラスメイトへ／クラスメイト讃歌」

最初のブロックは、「懐かしさ」です。次のブロックは、「懐かしさと喜び」です。次の「街を越えて響け」は、「遠くを思う気持ち」で、「第五小学校の校庭へ」は、「たどり着いた気持ち」です。「校庭讃歌」は、「感謝の気持ち」です。以下の説明はもうしませんが、そんな気持ちで分割してみました。もちろん、これが唯一の正解ではありません。

では、最初のブロックから、ブロックごとに、声色を変えて読んでみましょう。

これも、気持ちをいったん無視して、とにかく、いろんな声色をブロックごとに言ってみるのです。

思いもかけない声色が、思いもかけないブロックでぴたりときたら、なんと幸福なことでしょう。

たくさんの声色がありますか？

まずは「鼻声」なんてのはどうでしょう？「かすれ声」「オペラ歌手のような声」「『ル

パン三世』に出てくる峰不二子の声」「クレヨンしんちゃんの声」「バスガイドの声」「応援団の声」「顔にモザイクが入っているTV番組の声」「先代のドラえもんの声」。

ブロックの数が三五あったら、三五種類の声色を考え出して下さい。大変ですが、楽しい作業です。

レッスン5でも言いましたが、これは、モノマネのレッスンではありません。違っていていいんです。自分だけが、「峰不二子の声」を出していると思っていてかまいません。

そして、それは、他の人が聞いたら、全然、峰不二子に似てなくていいのです。あなたが、「そういう声を出してみよう」と思うことが大切なのです。

さあ、各ブロック、すべて違う種類の声色で声を出してみて下さい。


では、最後の仕上げです。

以下の例で説明しましょう。

「そして／とどけ／遠くまでとどけ／空を渡ってとどけ／ビルを抜けてとどけ／あいつに／いつもいじめられていたあいつに／あいつ讃歌／街を越えてとどけ／僕が今、一番歌いたい讃歌」

「そして」と「とどけ」を分けたのは、最初の「そして」は、「さあ言うぞ」という気持ち。「とどけ」は、「願い」。次の「遠くまでとどけ」は、「もっと強い願い」。「空を渡ってとどけ」は、「遠くて、少し悲しい気持ち」。「ビルを抜けてとどけ」は、悲しみが減って、「ビルの間をくねくねと伝わるイメージ」が出てきたので分けました。「あいつに」は、「懐かしい」という気持ち。「いつもいじめられていたあいつに」は、「助けられなくてごめん」という気持ち。「あいつ讃歌」は、「でも、俺はお前と出会えてよかった」という気持ち。「街を越えてとどけ」は、「どんなに遠くてもこれを言いたい」という気持ち。「僕が今、一番歌いたい讃歌」は、「ありがとう」という気持ち。

では、各ブロックを、「大きさ」か「高さ」か「速さと間」か「声色」か、四つのうちどれかひとつにテーマを決めて読んでみて下さい。

分かりますか？

最初のブロックは、例えば、「高さ」に注目して、「高さ」を変えて読んで、次のブロックは、「声色」に注意して、「声色」を変えて、次のブロックは、例えば「大きさ」、その次は例えば「速さと間」、その次は例えば「声色」……という風に、一ブロックに一要素を対応させて読むのです。

この場合も、気持ちをとりあえず無視して読んで下さい。

ただ、要素を変えることが楽しく感じてもらえれば成功です。
そして、ひとつのブロックでも、「あ、この言い方、ぴったり」というものが見つかれば、最高です。

では最後に、すべてのルールを取っ払って、自由に読んでみましょう。気持ちを入れて、好きなように読むのです。

どうですか?

最初に、感情のままに読んだ時と比べて、より表現に対して自覚的になった感じがしませんか?

こんな読み方ができる、あんな読み方ができる、と思いながら読むと、あなたの表現力は自然とアップしているのです。

ひとつの文章をたっぷり遊べたら、別の文章にもチャレンジしてみて下さい。

『ビー・ヒア・ナウ』の別の文章も載っけておきます。

よかったら、どうぞ。

例えば、部屋の片隅《かたすみ》に打ち捨てられているひとつの人形があるとしよう。

あなたは、その人形と共に、ある時間を確実に過ごしたはずだ。いや、ひょっとしたら、そんな時間を持つこともなくその人形は、部屋の片隅へと転がったのかもしれない。もはや、あなたの意識には、その人形は存在しない。

そんなある昼下がり、あなたの友人があなたの家に遊びに来る。ひとしきり遊んだ後、その友人は、部屋の片隅にある人形に目を止める。そして、その人形が欲しいとあなたに迫る。

あなたは、その時、その人形に決して感じていなかったいとおしさに気づいて驚く。友人の言葉によって、一瞬前まで、決して感じていなかった人形に対するいとおしさに震える。

その時、人形は蘇る。いとおしさに溢れて、あなたの目の前に蘇る。

その人形を手放したくないと友人に告げる。やがて、友人は去り、その瞬間、あなたの人形へのいとおしさは消える。だが、それを悲しんではならない。あなたが感じたいとおしさは真実なのだ。それは、あなたが生きることで捨ててきたあなた自身の人生の真実に対応する。

僕達は、片隅に転がる人形のように、自分の人生を捨てながら生きていく。何種類の人形を捨ててきたのかも忘れて、その人形と過ごした幸福な日々も忘れて、僕達は、生きていく。

だが、ある昼下がり、友人があなたを訪ねる。そして、捨ててきた人生を欲しいと迫る。その瞬間に感じるいとおしさ、それは、真実なのだ。

私は、私は、あなたのそういう友人になりたい。

あとがき

以上で『表現力のレッスン』は一応のおしまいです。

〝一応〟と書いたのは、あなたが生きている限り、このレッスンに終わりはないからです。

もちろん、僕にも終わりはありません。

僕は、この本を書きながら、まず、自分自身が表現力のレッスンを受けている気持ちになっていました。

もちろん、それは楽しい体験でした。

表現を楽しむことが、そのまま、表現力をアップするレッスンになるのです。こんな素敵なことはありません。

なお、もっと詳しいレッスン、それも集団でおこなうレッスンに関しては、『ワークショップ』というタイトルで出します。

もうしばらくお待ち下さい。

あなたの表現力がアップして、素敵な人生になりますように。

んじゃ。

〈著者略歴〉
1958年愛媛県生まれ。早稲田大学法学部出身。作家・演出家・映画監督。1981年に劇団「第三舞台」を結成。『朝日のような夕日をつれて』（87）で紀伊國屋演劇賞団体賞、『天使は瞳を閉じて』（92）でゴールデンアロー賞、『スナフキンの手紙』（94）で岸田國士戯曲賞を受賞する。2010年には「虚構の劇団」旗揚げ三部作戯曲集『グローブ・ジャングル』で第61回読売文学賞戯曲・シナリオ賞を受賞。現在は「KOKAMI@network」と、「虚構の劇団」での作・演出を中心として幅広く活動。戦時中、何度も生還した元特攻兵を紹介した『不死身の特攻兵』（講談社現代新書）はベストセラー。他に『あなたの魅力を演出するちょっとしたヒント』（講談社文庫）など。

表現力《ひょうげんりょく》のレッスン
2005年10月20日　第1刷発行
2021年11月15日　第9刷発行
著者――鴻上尚史《こうかみしょうじ》

KODANSHA

発行者――鈴木章一
発行所――株式会社講談社
東京都文京区音羽2-12-21 郵便番号112-8001
☎03-5395-3521　編集（現代新書）
03-5395-4415　販売
03-5395-3615　業務

装　幀――鈴木成一デザイン室
印刷所――株式会社新藤慶昌堂
製本所――株式会社若林製本工場

定価はカバーに表示してあります。

ISBN4-06-212908-6　　N.D.C.914　238p　20cm